KB127459

INDIE
PUBLISHING

독립출판 교과서

유엑스 리뷰

독립

출판 교과서

나만의 책을 디자인하고 제작하는 법

앨런 럽튼 지음

소슬기 옮김

유엑스 리뷰

나만의 책을 디자인하고 제작하는 법

독립출판 교과서

초판 발행	2019년 10월 7일
발행처	유엑스리뷰
발행인	현명기
지은이	앨런 럽튼
옮긴이	소슬기
주소	부산시 해운대구 센텀동로 25, 104동 804호
팩스	070.8224.4322
등록번호	제333-2015-000017호
이메일	uxreviewkorea@gmail.com

ISBN 979-11-88314-32-4

낙장 및 파본은 구매처에서 교환하여 드립니다.
구입 철회는 구매처 규정에 따라 교환 및 환불처리가 됩니다.

INDIE PUBLISHING: How to Design and Publish Your
Own Book by Ellen Lupton

© 2008 Princeton Architectural Press
First published in the United States by Princeton
Architectural Press
All rights reserved.

This Korean edition was published by UX REVIEW in 2019
by arrangement with Princeton Architectural Press through
KCC(Korea Copyright Center Inc.), Seoul.

이 책은 (주)한국저작권센터(KCC)를 통한 저작권자와의 독점계약으로
유엑스리뷰에서 출간되었습니다. 저작권법에 의해 한국 내에서 보호를
받는 저작물이므로 무단전재와 복제를 금합니다.

차 례

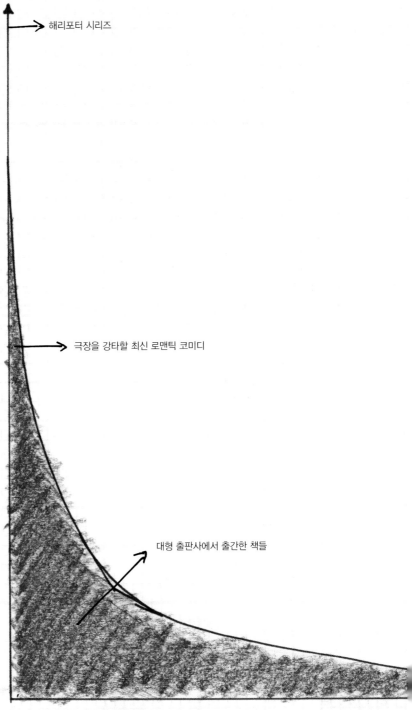

긴 꼬리 대중 매체의 시대가 끝나간다.
예전에는 그래프 꼭대기에 있는 '
화제작'들이 시장을 지배했다. 길고
얇은 꼬리는 틈새 제품을 나타내는데,
현재 시장 점유율을 점점 키우고 있다.
이 그래프는 크리스 앤더슨(Chris
Anderson)의 책 『롱테일 경제학
(The Long Tail)』에서 빌려와 각색한
것이다.

해리포터 시리즈

극장을 강타할 최신 로맨틱 코미디

대형 출판사에서 출간한 책들

Illustration by Kelley McIntyre

이 책에 관하여

이 책은 나만의 책을 친구나 가족을 위해 비공식적으로 만들거나 그보다 더 공식적인 용도로 출판할 때 필요한 기본 정보를 제공한다.

어쩌면 여러분은 할아버지가 쓰신 전쟁 일기를 선집으로 만들어 그가 살아온 삶을 기념하고 싶을지도 모른다. 어쩌면 처음으로 미술 전시회를 여는 데 총천연색 카탈로그가 필요할 수도 있다. 이웃에 있는 훌륭하고 멋진 건물이 철거될 위기에 처했을 때, 그 장소에 관해 짧은 역사책을 만들어서 건물을 구하는 데 손을 보탤 수도 있을 것이다. 방과 후에 아이들을 돌본다면, 아이들이 쓴 시로 책을 만들어 아이들이 무엇을 성취했는지 지역사회에 알릴 수도 있을 것이다. 공유하고픈 내용이 있고 그 내용을 새롭게 정리하여 전달하고 싶다면, 이 책은 그 일을 시작하는 데 도움이 될 것이다.

넷플릭스에서 서비스하는
B급 컬트 영화

옛 룸메이트가 발행한 문학
동인지

이 책

최근 몇 년 사이에 독립출판이 증가한 배경에는 저자인 크리스 앤더슨이 '긴 꼬리'라고 불렀던 현상이 있다. 앤더슨에 따르면, 대중 매체의 시대는 끝나간다. 지금 우리가 사는 세상에는 말 그대로 수없이 다양한 사람들에게 맞춰 재단하여 제각각 천차만별인 콘텐츠들이 자리 잡고 있다. 앤더슨이 그린 그래프 첫머리에 등장하는 높지만 좁은 꼭대기는 인기도서, 즉 시장을 지배하곤 했던 '화제작'을 나타낸다. 길고 가느다란 부분은 틈새 제품을 나타내는데, 그 각각의 책들은 여느 화제작 하나보다도 판매량이 훨씬 낮지만, 전체적 그룹으로 보면 시장을 점점 더 넓게 장악해가고 있다. 이 '긴 꼬리'를 차지하는 것은 블로그, 독립 음악과 영상, 동인지, 소량 제작 책자와 소설, 머시니마(machinima) 등을 비롯하여 셀 수 없이 많은 여타 소규모 틈새 공략 시도다.

긴 꼬리가 생기는 이유는 블로그용 소프트웨어, 디지털카메라, 포토샵 등과 같은 생산 도구를 누구나 사용할 수 있고, 넷플릭스, 아마존, 이베이, 엣시(Etsy), 유튜브, 구글 등과 같은 웹 기반 유통 형태가 번성하기 때문이다. 긴 꼬리는 사실상 무한히 길며 여기에 속하는 제품에 대한 수요도 마찬가지다. 10만 번째, 40만 번째, 50만 번째 많이 내려받은 노래로 꼬리가 서서히 가늘어진다 해도 여전히 누군가가 어딘가에서 내려받는 노래가 있다. 긴 꼬리에 생기가 돈다는 것은, 인류가 제임스 본드(James Bond)와 다니엘 스틸(Danielle Steel)보다 더 색다른 무언가를 정말로 원한다는 점을 증명한다.

콘텐츠를 제작하고 공유하는 일에 대한 사회적 태도가 새로워짐에 따라 출판계는 변하고 있다. 점점 더 많은 사람이 미디어의 소비자뿐 아니라 생산자를 자처한다. 우표 수집에서부터 동물 봉제 인형 만들기에 이르기까지, 어떤 주제에 진지하게 몰두하는 사람은 직접 경험을 하는 것뿐 아니라 수업을 듣고, 모임에 참여하고, 책과 온라인 자료를 접함으로써 상당한 지식을 쌓게 된다. 열정적인 아마추어는 종종 그 지식을 다른 사람과 공유하길 원하며 집단 정보 기반에 공헌한다. 책 제작은 이런 일을 하는 한 가지 방법이며, 스스로 하기에도 점점 더 쉬워지고 있다.

여러분의 책?

유튜브에서 본 단편 영화

이 책은 독자와 작가, 제작자에게 나만의 책을 만드는 과정을 소개하며, 디자인에 중점을 둔다. 매우 흥미롭고 실용적인 형식으로 내용을 조합하는 일에 관한 책이다. 책을 디자인하려면 내용 구조(자료의 흐름과 순서)를 어떻게 짜고 그 내용을 인쇄한 종이(여러분이 손에 쥘 수 있는 물리적인 대상)에 어떻게 배치할지 계획해야 한다.

메릴랜드 미대(Maryland Institute College of Art)에 있는 디자인씽킹 센터(Center for Design Thinking)는 독립출판 프로젝트를 시작했다.

이 센터는 학생 및 교직원과 협력하여 다양한 청중을 겨냥한 디자인 연구 내용을 작성하고 직접 제작하여 배포했다.

이 책은 여느 출판 프로젝트와 관련하여 일반적인 정보를 제공할 뿐 아니라, 시집부터 어린이 책이나 전시회 카탈로그까지 여러분이 만들어서 공유하고자 하는 특정 유형 책에 관한 사례 연구를 보여 준다. 이 책을 읽는 동안 여러분은 독립 작가와 예술가, 디자이너가 창작한 아름답고 독창적인 책 사례를 보고 영감을 얻을 것이다. 만약 여러분이 창의적인 사람이고 나누고픈 내용이 있다면, 뛰어들어서 시작하자.

여러분이 마이스페이스(MySpace)에서
꺼버린 태국 펑크 음악 mp3

하나뿐인 책
핸드메이드 스크랩북은 앞으로 오랫동안 소중하게 간직할 책이다. 제니퍼 윌리엄스(Jennifer Williams)는 대학교수이자 DIY 디자이너인데 딸 앨리스(Alice)를 기념하기 위해 이 책을 수제로 만들었다. 제니퍼는 골동품 앨범을 토대로 삼았다.

출판의 기초

– 엘렌 럽튼(Ellen Lupton), 켈리 매킨타이어(Kelley McIntyre)

작품을 한 부 이상 출간하면, 독자는 대량으로든 소량으로든 여러모로 그 작품을 접할 수 있다.

출판물은 지역적으로 손수 제작할 수 있고 전 세계 수많은 독자를 대상으로 할 수도 있다. 평범한 스크랩북 한 권을 만드는 것이 실제 출판은 아니지만, 사진집을 여러 권 제작해서 가족과 친구에게 나눠주는 것은 비공식적인 유통이 된다.

작품을 더 공식적인 방식으로 출판하려면 더 폭넓은 독자가 접근할 수 있어야 하며, 공적 담론, 즉 공식 기록 일부가 돼야 한다. 출간작은 세상으로 나와 누구나 볼 수 있어야 한다. 출판하려면 용감하게 위험을 감수해야 한다. 재정적인 면에서뿐 아니라 지적인 면에서도 기업가 정신이 필요하다. 출판이란 스스로 밖에 나가 여러분이 가진 콘텐츠가 공유할 가치가 있음을 선언하는 일이다.

몇 권뿐인 책
그래픽 디자이너 로리 드마르티노(Laurie DeMartino)는 딸 그레이스(Grace)가 태어난 것을 기념하기 위해 이 아름다운 양장본 책을 만들었다. 로리는 책을 옵셋 인쇄하여 가족과 친구에게 보냈다.

출판은 제작하고 배포하는 일을 동반한다. 먼저 콘텐츠를 물리적인 형태로 표현해서 사람들이 이해힐 수 있게 해야 하고, 그다음에는 사람들이 찾을 수 있게 만들어야 한다. (책을 5천 부 인쇄해서 지하실에 놔둔다면, 사실상 대중은 그 책을 만나볼 수 없다. 책을 제작했지만 배포하진 않은 것이다). 예전에는 책과 잡지를 오직 도서관과 서점에서만 찾을 수 있고 독립적으로 제작한 발행물은 이런 장소에 두기가 어려웠다. 오늘날에는 소규모 콘텐츠 제작자가 독자에게 닿을 방법이 더 많다.

도서 출판인은 영화 제작자와 마찬가지로 특정 작품이 편집하고 디자인하고 인쇄하고 제본하고 출시하고 배포할만한지 판단할 책임이 있다. 출판인은 돈을 투자하고 이 모든 과정을 진행해줄 사람이나 서비스를 찾는다. 그리고 책을 서점과 유통사, 또는 대중에게 직접 판매함으로써 독자의 손에 전달하는 것을 궁극적인 목표로 한다.

과거 미국에서 출판업계는 좁은 공동체였고 대부분 뉴욕에 있었으며 작은 엘리트 집단이 지배했다. 오늘날에도 몇몇 국제적인 기업이 주류 출판 사업을 지배하긴 하지만, 책을 제작하여 사고파는 새로운 방식과 기술 덕분에 소규모 벤처 기업들도 곳곳에서 생겨나고 있다. 점점 더 많은 출판인이 (비틀스 마니아에서 스노우볼 수집가에 이르는) 틈새 독자를 겨냥하여 작품을 제작하고 있으며, 인터넷을 이용해서 독자에게 직접 다가가고 있다.

독립출판은 저자가 혼자서 단권 짜리 책 프로젝트를 시작하는 일에서 여러 단체나 개인이 시도한 노력을 이어가는 일까지 다양한 모험을 감수한다. 전 세계에 있는 소규모 출판사 수천 곳에서는 책을 상대적으로 소량 제작하여 서점뿐 아니라 온라인으로도 유통한다.

일부 자기 출판 서비스는 작가가 인쇄 준비한 디지털 파일로 작업을 하지만, 다른 업체에서는 편집 디자인, 인쇄, 마케팅, 유통 서비스를 유료로 제공하기도 한다. 반대로 상업 도서 출판사는 이 모든 서비스 비용을 부담하고 대개는 작가에게 콘텐츠 창작 대가를 지급한다. 유료 출판 업체는 종종 '자비 출판 전문 출판사'라는 용어로 폄하 당하지만, 소규모 자기 주도적 벤처 사업이 더 중요해지고 널리 퍼짐에 따라 이런 부정적인 의미도 변하고 있다. 음악과 영화, 예술, 저널리즘에서 '독립' 매체라는 발상은 이제 일반적으로 인정받고 있으며, 사업가도 되고 싶고 주류 업계 바깥에서 일하길 원하는 예술가들에게는 찬양받기까지 한다.

출판사를 차림으로써 작가는 자유를 많이 얻는다. 또 책을 만들어 세상에 내놓는 과정을 전부 세세하게 책임질 뿐 아니라 금전적 위험도 떠맡는다. 왜 이런 고된 임무를 맡으려는 것일까? 출판산업이라는 완전히 전문적인 사업 시스템이 이미 이런 일을 수행하고 있는데 말이다. 많은 사람이 공식적인 출판 기관에 접근할 수 없어서 스스로 출판 사업을 시작한다. 적절한 사람을 모르거나, 아직 작가로서 명성이 없거나, 편집자나 에이전트에게 거절당했거나, 새롭거나 낯선 장르를 다루고 있거나, 전문적이거나 취약한 시장을 겨냥해 글을 쓰고 있어서 말이다. 그 밖에 북 디자인이나 표현을 완전히 통제하려는 사람도 있다. 어떤 작가나 기관은 작업을 더 빨리 마치기 위해 직접 출판을 하지만, 어떤 사람은 상품을 만들고 그 수명이 다할 때까지 상품을 지켜

PAVL
LETAROVILLY

EDIFICES
DE ROME
MODERNE

프로필:케빈 리퍼트(Kevin Lippert)는
프린스턴 대학 건축학과 대학원생이었던
1981년에 프린스턴 아키텍쳐럴 프레스
(Princeton Architectural Press)
를 설립했다. 리퍼트는 왜 첫 번째 책을
출판했을까? 18세기 디자인 분야 고전인
뽈 레타뤼이(Paul Letarouilly)의
『현대 로마 건축(Edifices de Rome
Moderne)』 사본을 갖고 싶었기
때문이다. 리퍼트는 게으름 때문에
출판하게 됐다고 회상한다.
"저는 사본을 가지고 싶었는데, 그러면
도서관에 두꺼운 책을 예약해서 보지
않아도 됐기 때문이죠."
리퍼트는 학자금 대출을 5천 달러 받아서
책을 제작했다. '프린스턴'은 대학뿐
아니라 도시 이름이기도 해서, 리퍼트는
그 이름을 이용해 막 시작한 사업에
진중함을 부여했다. 학교를 마치고서는
출판 프로젝트를 점점 더 많이 맡았다.
이 출판사는 건축과 디자인 관련 도서에
있어서 세계적으로 유명하게 성장했다.
여러분이 읽고 있는 책을 포함해서
프린스턴 아키텍쳐럴 프레스에서 나온
도서는 현재 클로니클 북스(Chronicle
Books)가 북미와 남미 전역으로 유통하고
있다.

보면서 기업가로서 겪는 긴장감을 즐긴다. 위험을
무릅씀으로써, 모험이 성공했을 때 이윤을 거둘 대
비를 한다.

실제로 성공한 출판사 대부분은 진취적인 개인
이나 집단이 세운 비전에서 시작한다. 이런 소규모
사업체는 때때로 수익성 있거나 적어도 자립할 수
있는 독립체로 성장한다. 하지만 대부분 출판 사업
은 이윤보다는 아이디어를 공유하려는 욕구에서 동
기를 얻는다. 이 안내서는 독립출판이라는 발상을
하며 이제 막 실험을 시작한 작가와 예술가에게 말
을 건넨다.

경고: 밴드를 결성하거나 블로그를 만드는 일
처럼 책을 출판하는 일은 금세 부자가 되거나 빨리
유명해지기에는 부적합한 방법이다. 출판은 힘든
노동집약적 작업이다. 아끼는 이야기를 해야 해서,
그 이야기를 들려주고 싶은 사람이 있어서, 실행하
는 것이 즐거워서 출판하자.

기본 요소들

정식 출판 과정에서는 여러분의 작품이 존재한다는 사실을 서점과 도서관, 출판사, 검색 엔진이 알 수 있도록 공식적인 방법으로 정보를 공유해야 한다. 이런 세부 절차는 여러분 프로젝트에 얼마나 중요할까? 책 유통 계획을 어떻게 세우는가에 달렸다.

ISBN과 ISSN

ISBN은 13자리 국제 표준 도서 번호이고 ISSN은 잡지에 사용하는 8자리 국제 표준 간행물 번호다. 이 숫자들은 여러분 출판물을 가리키는 고유 주소를 구성하며, 서명과 지역뿐 아니라 출판사도 식별하게 해준다. ISBN이나 ISSN은 같은 것이 두 개 존재하지 않는다.

ISBN이 필요할까? 서점과 도서관, 아마존 사이트, 박물관 내 기념품 가게, 그 밖에 상업적인 경로로 책을 배포하고 싶다면 필요할 것이다. 선물이나 홍보 도구, 개인 포트폴리오, 기념품 등 판매를 제외한 다른 목적으로 책을 사용한다면 ISBN이 꼭 필요하지는 않다.

책 내용이나 디자인을 크게 개정한다면 그때마다 새 ISBN이 필요할 것이다. 보급판과 양장본, 오디오 북 등을 포함하여 책은 판의 종류마다 별도로 ISBN이 필요하다. 출판사는 ISBN을 열 권, 백 권, 천 권, 만 권 단위로 발급받는다. ISBN을 발급받으려면 지역 ISBN 대행사를 통해 출판사로 등록을 해야 한다(한국에서는 각 지역 구청에 출판사 등록 신고를 해야 한다). 미국 ISBN 대행사는 주소가 미국과 미국령 버진 아일랜드, 괌, 푸에르토리코인 출판사에 번호를 발급할 권한이 있다. ISBN은 대행사를 통해 신청할 수도 있지만 보통 한국에서는 국립중앙도서관 서지정보유통지원시스템에서 직접 신청하며, 다양한 주문형 출판(POD) 서비스를 통해 발급받을 수도 있다

바코드

출간물 바코드는 ISBN이나 ISSN은 물론 가격 정보를 스캔 장비가 읽을 수 있는 서체로 표현한다. 책을 서점에 유통하고 싶다면 바코드를 꼭 넣어야 한다. 바코드는 다양한 출판 서비스를 통해 만들 수 있으며, 이런 서비스는 온라인에서도 쉽게 찾을 수 있다(한국에서는 국립중앙도서관 서지정보유통지원시스템에서 ISBN을 등록한 후 무료로 다운로드 가능). 바코드를 만들려면 우선 ISBN이나 ISSN이 필요하다. 많은 주문형 출판 회사가 자사 서비스 일부로서 바코드를 제공한다.

바코드 파헤치기

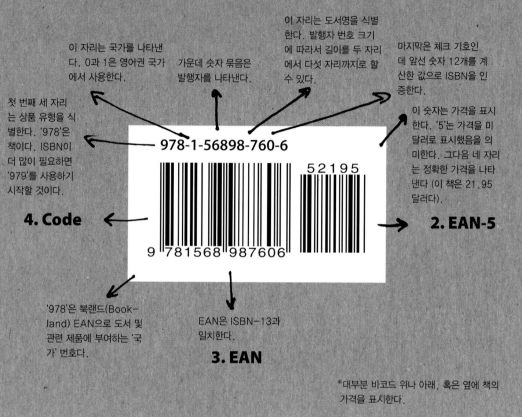

1. ISBN

이 자리는 국가를 나타낸다. 0과 1은 영어권 국가에서 사용한다.

가운데 숫자 묶음은 발행자를 나타낸다.

이 자리는 도서명을 식별한다. 발행자 번호 크기에 따라서 길이를 두 자리에서 다섯 자리까지로 할 수 있다.

마지막은 체크 기호인데 앞선 숫자 12개를 계산한 값으로 ISBN을 인증한다.

첫 번째 세 자리는 상품 유형을 식별한다. '978'은 책이다. ISBN이 더 많이 필요하면 '979'를 사용하기 시작할 것이다.

이 숫자는 가격을 표시한다. '5'는 가격을 미달러로 표시했음을 의미한다. 그다음 네 자리는 정확한 가격을 나타낸다 (이 책은 21.95달러다).

978-1-56898-760-6

52195

9 781568 987606

4. Code

2. EAN-5

'978'은 북랜드(Book-land) EAN으로 도서 및 관련 제품에 부여하는 '국가' 번호다.

EAN은 ISBN-13과 일치한다.

3. EAN

*대부분 바코드 위나 아래, 혹은 옆에 책의 가격을 표시한다.

1. ISBN
ISBN은 바코드 상단과 하단에 모두 표시하는데, 바코드 스캐너가 작동하지 않아 ISBN을 손으로 입력해야 할 때 계산원이 쉽게 찾을 수 있도록 하기 위해서다.

2. The EAN-5
이 짧은 바코드는 5자리 부가 코드로 출판물의 소매 가격을 부호로 표현한다. 첫 번째 자리는 통화를 나타내고 나머지 자리는 가격을 표시한다. 미달러는 숫자 5로 표현한다. EAN-5이 52195라면 $21.95로 번역할 수 있다.

3. EAN
EAN은 유럽 물품 번호로 소매 제품을 판매하고 취급하는 일에 관해 세계적인 규격을 제시한다.

4. 코드
바코드는 본래 EAN을 이진법으로 표현한 것이다. 짧은 선은 숫자를 나타내고 기다란 '보호대' 세 개는 각자 구역에서 숫자가 시작되고 끝나는 부분을 표시한다

판권면 파헤치기

판권면은 책의 맨 앞이나 맨 뒤 부근에 삽입된다. 여러분이 갖고 있는 책 중 어느 것을 보더라도 판권면은 존재할 것이며, 그 내용은 출판사에 따라 조금씩 상이할 것이다. 법으로 정해진 양식은 없으나 꼭 들어가야 하는 사항들은 존재한다. 이 책의 4번째 페이지에 있는 판권면에 있는 유엑스리뷰 출판사의 주요 정보가 바로 그것이다(독자들은 한국 실정에 맞게 그 내용을 참고하길 바란다). 이 페이지에서 소개하는 내용은 미국 출판물을 기준으로 한 것이다.

출판사 이름 및 주소 →

프린스턴 아키텍처럴 프레스 출판
37 이스트 세븐스가, 뉴욕, 뉴욕 10003

글이나 삽화, 발췌인용문에 대한 저작권 표기, 보통 작가 혹은 저작권을 소유한 출판사 이름을 쓰고, 일러스트레이터와 번역자 등 기타 저작권자가 포함되기도 한다.

이 숫자들은 출판 이력을 표시한다. 각 묶음 맨 오른쪽 숫자가 유효한 숫자다. 이 책은 2008년에 인쇄했으며 초판이다. 추가로 인쇄에 들어갈 때마다 그에 맞춰 숫자를 오른쪽부터 지운다. →

© 2008 Princeton Architectural Press All rights reserved
중국에서 인쇄 및 제본 ←
11 10 09 08　4 3 2 ① 초판

해외에서 제작한 도서의 수입을 위해서는 원산국을 표시해야 한다.

출판사의 서면 허가를 받지 않고는 이 책을 어떤 부분도 어떤 방식으로든 이용하거나 재생산할 수 없으나, 다만 서평 맥락에서는 예외로 합니다.

저작권 소유자를 식별하기 위해 모든 합당한 시도를 했다. 오류나 누락은 차후 판에서 수성할 것이다. ←

책에 사용한 도판과 인용문 등에 관한 저작권 문제가 발생할 때를 대비하자.

마지막 쪽 번호를 여기에 적는데, 출판예정도서목록(CIP) 데이터는 최종 편집 디자인을 완성하기 한참 전에 생성하므로 나중에 기재할 공간을 비워둔다. 국립중앙도서관 서지정보유통지원 시스템에서 정확한 표기 방식을 확인할 수 있다. →

미국 의회 도서관 출판예정도서목록 데이터
독립출판 교과서: 나만의 책을 디자인하고 제작하는 법 / 엘렌 럽튼 편집
　　p. cm. - (디자인 개요)
참고 문헌 및 색인 수록
ISBN 978-1-56898-760-6 (중성지) ←
1. 독립출판-안내서, 설명서 등. 2. 출판사 및 출판-안내서, 설명서 등. 3. 도서 산업 및 사업-안내서, 설명서 등. 4. 전자출판-안내서, 설명서 등. 5. 북 디자인-안내서, 설명서 등. I. 엘렌 럽튼. II. 메릴랜드 미대.
　　Z285.5.I53 2008
　　070.5'93—dc22

이 책은 중성지에 인쇄했다.

도서 목록에 사용할 주제 및 코드 →

　　　　　　　　　　　　　　　2008017325

참여자 이름을 언급하는 것은 선택 사항이지만, 지루할 수도 있는 이 페이지에 흥미를 더해주며 여러분이 책을 만들 수 있게 해준 사람, 장소, 자료를 인정하는 기회가 된다. 책을 만드는 데 공헌한 사람은 놀랄 만큼 많을 수 있다.

고마운 출판사의 임직원들:
네티 알지안, 사라 베이더, 도로시 볼, 니콜라 베드나렉, 자넷 베닝, 베카 카스본, 카리나 차, 페니 추, 러셀 페르난데스, 피트 피츠패트릭, 웬디 풀러, 얀 혹스, 아일린 쿤, 낸시 에클런드 레이터, 린다 리, 아론 림, 로리 만프라, 캐서린 마이어스, 로렌 넬슨 패킷, 제니퍼 톰슨, 아르누드 베헤게, 폴 바그너, 조셉 웨스턴, 뎁 우드 — 발행인 케빈 C. 리퍼트

저작권

저작권법은 18세기에 저자와 발행인이 작품을 통해 일정 기간 경제적 이윤을 보장받게 하려고 발달했다. 출판 프로젝트에 착수할 때는 내 작품을 지키는 법은 물론 다른 사람 창작물의 저작권을 침해하지 않는 법을 이해하는 것이 중요하다.

미국에서는 모든 창작물이 탄생한 순간부터 자동으로 저작권의 보호를 받는다. 따라서 여러분이 현실이나 인터넷에서 만나는 이미지와 글은 전부 저작권의 보호를 받는 대상인데, 다만 저작자 사후 70년이 넘었으면서 저작권을 명백하게 갱신하지 않은 작품은 예외다.

저작권이 살아있는 자료를 사용하는 일부 방법은 '공정 사용'으로 간주한다. 예를 들어서 논평과 해석을 목적으로 수필이나 책에서 짧은 구절을 인용하는 것은 인정받을 수 있다. 어떤 패러디는 그 대상과 직접 경쟁하는 작품이나 제품을 새로 내놓는 것이 아닌 한 공정 사용으로 간주한다. 예를 들어서 마사 스튜어트 리빙(Martha Stewart living)이라는 잡지를 조롱하며 패러디 물을 인쇄해도 처벌을 모면할 수 있는데, 다만 마사 스튜어트의 이름이나 사진을 이용해서 독자적으로 생활 잡지를 만든다면 문제가 일어날 것이다. '저작권이 만료된' 문서와 사진도 다양한데, 이는 누구나 인용하고 발췌하고 재출간할 수 있다는 뜻이다. 미국 의회 도서관(www.loc.gov)을 통하면 이런 해외의 다수에 접근할 수 있다.

대가를 지급하거나 허가를 받지 않고는 다른 출판사에서 나온 작품을 복제하는 것을 법적으로 금지함으로써, 저작권법은 창작 활동을 자극하는 것을 목표로 한다. 대가를 지급하거나 감사를 표하지도 않고 아무나 여러분 작품을 이용하여 수익을 낼 수 있다면 왜 구태여 예술가나 작가가 되려고 하겠는가? 그러나 저작권은 창작 활동을 제한하기도 하는데, 기존 작품을 재발행하거나 재해석하거나 비평하기 어렵게 하기 때문이다. 예를 들어 저작권을 보유한 발행인에게 사용료를 내지 않고 '생일 축하' 노래를 영화나 연극에 삽입하는 것은 불법이다.

여러 창작자는 다른 예술가가 자기 작품을 재해석하고 전파함으로써 자기 아이디어가 새 관객을 만나 새 삶을 얻길 실제로 바란다. 크리에이티브 커먼즈(Creative Commons)는 맞춤형 저작권 라이선스를 만들 수 있는 도구를 제공하는데, 일반적인 '모든 권리 유보' 표기를 '일부 권리 유보'라는 참신하고 열린 표기로 대체한다. 예를 들면 여러분은 비상업적 용도로 작품 사용을 허가하면서, 재발행인이 작품 사용 시 여러분 이름을 표기하도록 요구할 수 있다.

출판예정도서목록(Cataloging in Publication, CIP) 및 저작권 서비스 —

저작권 인증허가 센터(The Copyright Clearance Center)는 출판물에 대한 권리를 저자와 출판사가 더 쉽게 팔고 취득할 수 있게 하고자 설립되었다. 해외 기관이므로 참고만 하자. www.copyright.com

크리에이티브 커먼즈는 지적 재산권의 성격을 바꾸고자 노력하는 활동 단체다. 여기에 가서 내 맞춤으로 저작권 라이선스를 만들 수 있다. www.creativecommons.org

프로필:에드워드 터프티(Edward Tufte)
는 정보 디자인에 대한 영향력 있는 책 시리
즈를 낸 저자이자 발행인이다. 터프티가 『
정량적 정보의 시각적 표현(The Visual
Display of Quantitative Informa-
tion)』 프로젝트에 착수했을 때, 출판사들
은 소매가가 너무 높아질 것이기 때문에 터
프티가 요구하는 수준으로는 인쇄와 종이,
색 품질을 맞출 수 없다고 했다. 그래서 터
프티는 책을 직접 출판하기로 했다. 그래픽
프레스(Graphics Press)라는 회사를 차
렸고 집을 담보로 대출을 받아서 자금을 마
련했다. 직접 책을 출판하자 접근 가능한 수
준으로 가격을 유지하고 책의 디자인과 제
작을 모든 측면에서 통제할 수 있었다. 터
프티는 말했다.
"책을 만드는 일도 학문이라고 할 수 있다."
위 사진은 2006년 그래픽 프레스에서 에
드워드 터프티가 출판한 『아름다운 증거
(Beautiful Evidence)』다.

북스 인 프린트(Books in Print)

북인프린트는 미국 독점 ISBN 에이전시이기도 한
보커(Bowker)가 작성한 데이터베이스로 미국에서
공식적으로 출판한 책을 전부 정리한 목록이다. 보
커는 국제적인 안내 책자도 많이 발행한다. 서점과
도서관은 북인프린트를 이용하여 출판사에 책을 주
문한다. 북프린트는 시중에서 구할 수 있는 책마다
제목, 저자, 출판사, 가격, ISBN뿐 아니라 다양한
판형과 판의 종류도 나열한다.

출판예정도서목록 데이터

미국에서는 출판사가 미국 의회 도서관 출판예정도
서목록 프로그램에서 생성한 정보를 책에 포함하길
권장한다. 이 표준 정보 단위를 CIP 데이터라고 부
르며 책 판권면에 넣는다. CIP 데이터는 저자와 날
짜, 주제를 나열함으로써 도서관과 아마존을 비롯
한 인터넷 서점이 전자 데이터베이스에 접근하여
쉽고 정확하게 출간물을 자기네 소장 목록에 넣을
수 있도록 해준다. 한국에서도 CIP 신청이 가능하
며, 국립중앙도서관에서 이를 관리한다. 서지정보
유통지원시스템 웹페이지에서 CIP 데이터를 취득
하는 일과 관련하여 완벽한 정보를 얻을 수 있다.

바코드 및 ISBN 만들기 ──────────

보커/U.S. ISBN 에이전시는 미국 내 모
든 ISBN의 공식적 출처다. www.isbn.
org

룰루(Lulu)와 북서지(booksurge)를 비
롯한 여타 주문형 출판 서비스에서 도움을
받아 ISBN과 바코드를 획득할 수 있다. 이
서비스에는 추가 요금이 붙는다.

한국에서는 **국립중앙도서관**에서 서지 정보
를 입력하고 ISBN 신청을 해야 하며, 승인
을 받고 나면 무료로 출판용 바코드를 다운
로드받을 수 있다.

PUBLISHED BY
Ellen Lupton / Slush Editions
www.elupton.com | www.SexyLibrarianNovel.com

© 2008 Julia Weist. All rights reserved.

No part of this book may be used or reproduced in
any manner without written permission from the publisher,
except in the context of reviews.

Every reasonable attempt has been made to identify owners of copyright.
Errors or omissions will be corrected in subsequent editions.

ISBN 978-0-6151-7677-2

```
     Weist, Julia.
        Sexy librarian : a novel, critical edition /
   Julia Weist ; essay by Jennifer Tobias ; afterword
   by Ellen Lupton. -- Baltimore : Slush Editions,
   2008.
        172 p. ; 22 cm.
        ISBN 978-0-6151-7677-2
        1. Librarians -- Fiction.  2. Job
   satisfaction -- Fiction.  3. Art -- New York
   (State) -- New York -- Fiction.  4. Middle West --
   Fiction.  5. Artists' books. I. Tobias, Jennifer.
   II. Lupton, Ellen.
        PS3623.I395 S49 2008
        N6535.N5
        Z720.W463
```

ORIGINAL CATALOGING BY
Sherman Clarke, Head of Original Cataloging
New York University Libraries

도서 목록 기록장

『관능적인 사서(Sexy Librarian)』는 독립 출판 소설이며 발행인인 슬러쉬 에디션스(Slush Editions)가 처음 제작한 책이다. (이 책을 제작하는 과정은 '소설' 장에서 자세히 논의하자).

이 소설은 사서와 도서관에 관한 이야기여서 저자와 출판사는 공식 도서 목록 기록을 책에 수록하는 것이 특히 중요했다. 미국 의회 도서관은 처음 책을 발행하는 출판사에는 이 기록을 제공하지 않기 때문에 저자는 저명한 사서인 셔먼 클라크(Sherman Clarke)에게 『관능적인 사서(Sexy Librarian)』에 맞춰 목록 기록을 만들어 달라고 부탁했다. 도서관과 서점은 이 책을 구매할 때 이 데이터를 사용할 것이다.

판매 및 유통

어떻게 하면 사람들이 여러분 책을 손에 넣을 수 있을까? 서점은 고전적인 방식이며 이어지는 내용에서는 책이 어떻게 소매점 박자와 선반에 이르는지 이야기할 것이다. 다른 여러 가지 방식으로도 책을 팔 수 있는데, 아마존과 같은 웹사이트나 직접 운영하는 블로그, 콘서트와 파티, 미술관 개업식 같은 특별 행사 등을 이용할 수도 있다.

소매 진행하기

책과 출판물은 대부분 유통사를 통해 서점에 도착하는데, 가장 큰 곳은 잉그램 북 그룹(Ingram Book Group)이다. 이런 유통사들 덕분에 서점은 중심 공급처 한 곳에서 도서를 매우 다양하게 구매할 수 있다. 출판사 영업 직원은 유통사와 협업함으로써 개인적으로 가게마다 돌아다니며 책을 팔지 않아도 된다. 물론 유통사를 이용하면 비용이 들며, 따라서 책 소매가가 증가한다.

통상적으로 출판하는 책은 권장 소매가가 보통 각 책을 인쇄하고 배송하는 비용, 즉 단위 비용의 8배다. 이는 책이 인쇄소에서 창고를 거쳐 서점에 이르기까지 다양한 판매 및 유통 과정을 거치면서 인상된 가격이다. 각 중간 업자가 이윤을 내려고 가격을 올리기 때문이다. (반스앤노블(Barnes & Noble)이나 아마존 같은 대형 소매업자는 권장 가격을 자주 할인하는데, 이런 관행은 소비자가 독립 서점을 자주 방문할 동기를 심각하게 낮춘다. 한국에서는 도서정가제 때문에 대형서점이 가격 할인을 자유롭게 할 수는 없지만 다양한 이벤트를 제공하고 있으므로 그에 대한 준비를 하는 것이 좋다).

최종 도서 가격에는 출판사의 단위 비용과 희망 이윤뿐 아니라 독자의 기대 가격도 반영해야 한다. 이윤을 남기고 싶은 욕구와 사람들한테 책을 읽게 하고픈 욕구 사이에서 균형을 맞추자. 주문형 출판 도서는 8배나 늘어난 가격으로 팔리는 일이 거의 없는데, 단위 비용이 지나치게 높기 때문이다. 여러분 책과 유사한 책을 살펴보고 현실적인 가격을 설정하는 데 참고하자. 어떤 독립 출판사는 책을 웹사이트와 행사, 축제 등을 통해서 독자에게 직접 판매하는데, 그러면 가격을 합리적으로 유지하는 데 도움이 되면서도 도서를 팔아 이윤을 낼 수 있다.

미국의 도서 유통 서비스

잉그램 북 그룹은 상업 도서 유통사 중에서도 큰손이지만, 독립 출판사의 요구에 맞춰서도 다양한 서비스를 제공한다.

스몰 프레스 디스트리뷰션 (Small Press Distribution)은 비영리 조직으로 5백여 개가 넘는 독립 출판사에서 출간한 작품을 유통한다.

인디펜던트 퍼블리셔스 그룹 (Independent Publishers Group)은 오직 소규모 출판사 및 독립 출판사와만 일한다.

D.A.P./디스트리뷰티드 아트 퍼블리셔스(D.A.P./Distributed Art Publishers)는 박물관과 미술관, 소규모 출판사에서 제작한 예술 책을 전문으로 유통한다. D.A.P.가 여러분 책을 좋아한다면 박물관 내 서점과 전문 서점에 들어가도록 도와줄 수도 있다.

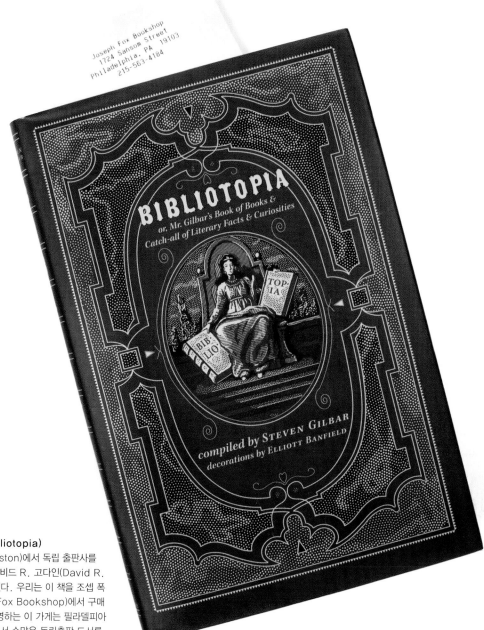

책의 유토피아(Bibliotopia)
이 책은 보스턴(Boston)에서 독립 출판사를
오래 운영했던 데이비드 R. 고다인(David R.
Godine)이 출판했다. 우리는 이 책을 조셉 폭
스 서점(Joseph Fox Bookshop)에서 구매
했는데, 가족이 운영하는 이 가게는 필라델피아
(Philadelphia)에서 수많은 독립출판 도서를
취급한다. 디자인과 삽화는 엘리엇 밴필드(Elliott
Banfield)가 담당했다. 데이비드 R. 고다인
출판사에서 허가를 받아 재현했다.
Copyright © 2005 by Elliott Banfield.
사진은 제이슨 오쿠타케(Jason Okutake) 작.

서점 파헤치기

– 켈리 매킨타이어

서점이 작은가? 내가 사는 곳에선 그렇지 않다. 여기서는 우리 대다수가 불과 10년 전까지 누리던 것보다 선택 폭이 넓고, 커피 음료가 더 많은 대형 매장에 작고 아담한 이웃 가게가 서서히 밀려나고 있다. 나는 용감무쌍한 여자로서 이런 괴물 중 하나와 직접 맞서면서 무엇이 이 괴물을 움직이게 하는지 살펴봤다. 5일 8시간을 보내고 커피를 10잔 마시고 시끄러운 점원을 한 명 만나고 나자, 스스로 서점 전문가라고 부를 수 있겠다 싶었다. 이제 내 풍부한 지식과 경험을 매우 자세하게 공유하겠으니, 잘 사용하길 바란다.

범례

- = 문학
- = 비문학
- = 아동 및 청소년
- = 참고 도서
- = 할인 도서
- = 문구류
- = 직원 전용 공간 및 화장실
- = 신간
- = 인기도서 및 계절 추천 도서
- = 인기 시리즈
- = 신상품
- ? = 안내대
- $ = 계산대
- C = 카페

공통 질문:

의자는 다 어디로 갔나?!
새 서점을 개업할 때, 디자이너들은 크고 안락한 의자로 내부를 가득 채워서 여러분이 오래 머물도록 만들도록 만든다. 하지만 몇 주나 몇 달이 지나 여러분이 그 서점에 마음을 붙이고 나면, 절반만 남을 때까지 서서히 의자를 치운다. 대부분 사람이 거의 눈치채지 못하는 새에 말이다.

어떻게 하면 내 책을 멋지게 진열할 수 있을까?
탁자에 있는 몇몇 책은 서점 매니저나 직원이 선택한다. 때로는 출판사에서 비용을 내고 책을 전시용 탁자, 통로 끝 전시대, 사다리에 진열한다. 이런 장치는 선택이라는 바다 수면에 책이 떠 있을 수 있도록 도와준다. 대형 체인 서점은 판매량을 이용해서 어떤 책이 출판되는지 뿐 아니라 그 책의 디자인에도 영향을 미칠 수 있다.

화장실 뒤 공간에는 무엇이 있을까?
여기에 관해서는 각종 이론이 난무하지만, 내 생각은 이렇다. 새끼 사슴이 부산을 떨고, 비버가 런던 말씨를 구사하고, 겨울이 끝나지 않는 기묘한 땅이거나, 24시간 영업하는 디스코 장이거나, 직원용 사무실과 창고와 하역장일 것이다.

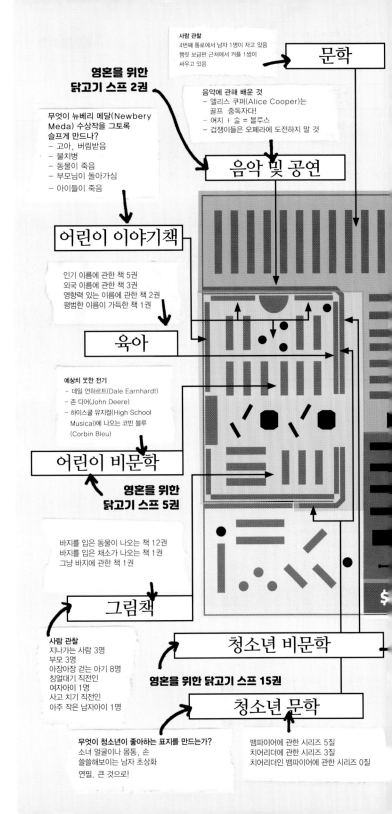

사람 관찰
4번째 통로에서 남자 1명이 자고 있음
햄릿 보급판 근처에서 커플 1쌍이 싸우고 있음

문학

영혼을 위한 닭고기 스프 2권

음악에 관해 배운 것
- 앨리스 쿠퍼(Alice Cooper)는 골프 중독자다!
- 여자 + 술 = 블루스
- 겁쟁이들은 오페라에 도전하지 말 것

무엇이 뉴베리 메달(Newbery Meda) 수상작을 그토록 슬프게 만드나?
- 고아, 버림받음
- 불치병
- 동물이 죽음
- 부모님이 돌아가심
- 아이들이 죽음

음악 및 공연

어린이 이야기책

인기 이름에 관한 책 5권
외국 이름에 관한 책 3권
영향력 있는 이름에 관한 책 2권
평범한 이름이 가득한 책 1권

육아

예상치 못한 전기
- 데일 언하르트(Dale Earnhardt)
- 존 디어(John Deere)
- 하이스쿨 뮤지컬(High School Musical)에 나오는 코빈 블루 (Corbin Bleu)

어린이 비문학

영혼을 위한 닭고기 스프 5권

바지를 입은 동물이 나오는 책 12권
바지를 입은 채소가 나오는 책 1권
그냥 바지에 관한 책 1권

그림책

사람 관찰
지나가는 사람 3명
부모 3명
아장아장 걷는 아기 8명
칭얼대기 직전인 여자아이 1명
사고 치기 직전인 아주 작은 남자아이 1명

청소년 비문학

영혼을 위한 닭고기 스프 15권

청소년 문학

무엇이 청소년이 좋아하는 표지를 만드는가?
소녀 얼굴이나 몸통, 손
쓸쓸해보이는 남자 초상화
연필. 큰 것으로!

뱀파이어에 관한 시리즈 5질
치어리더에 관한 시리즈 3질
치어리더인 뱀파이어에 관한 시리즈 0질

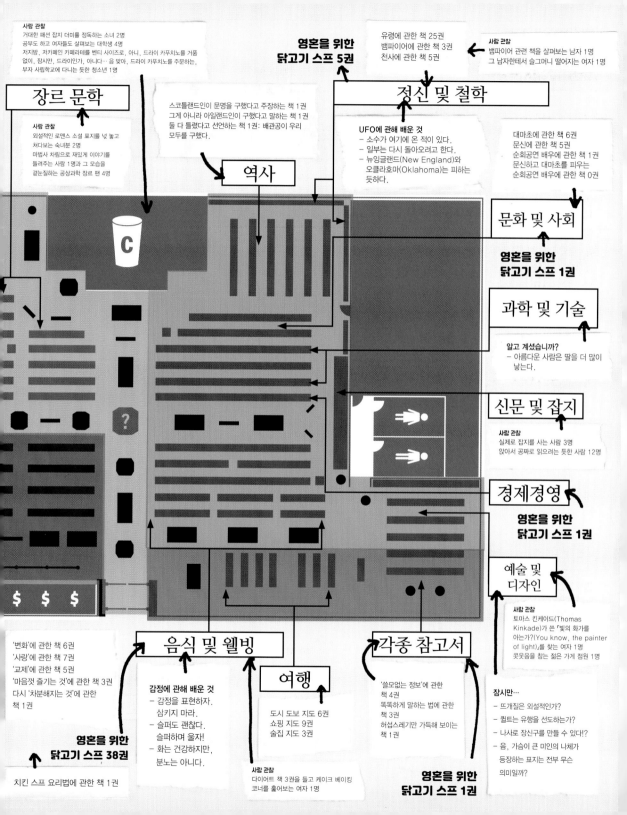

사람 관찰
거대한 패션 잡지 더미를 정독하는 소녀 2명
공부도 하고 여자들도 살펴보는 대학생 4명
저지방, 저카페인 카페라테를 벤티 사이즈로, 아니, 드라이 카푸치노를 거품 없이, 잠시만, 드라이인가, 아니다… 음 맞아, 드라이 카푸치노를 주문하는, 부자 사립학교에 다니는 듯한 청소년 1명

장르 문학

사람 관찰
외설적인 로맨스 소설 표지를 넋 놓고 쳐다보는 숙녀분 2명
마법사 차림으로 재밌게 이야기를 들려주는 사람 1명과 그 모습을 곁눈질하는 공상과학 장르 팬 4명

스코틀랜드인이 문명을 구했다고 주장하는 책 1권
그게 아니라 아일랜드인이 구했다고 말하는 책 1권
둘 다 틀렸다고 선언하는 책 1권: 배관공이 우리 모두를 구했다.

역사

영혼을 위한 닭고기 스프 5권

유령에 관한 책 25권
뱀파이어에 관한 책 3권
천사에 관한 책 5권

사람 관찰
뱀파이어 관련 책을 살펴보는 남자 1명
그 남자한테서 슬그머니 떨어지는 여자 1명

정신 및 철학

UFO에 관해 배운 것
- 소수가 여기에 온 적이 있다.
- 일부는 다시 돌아오려고 한다.
- 뉴잉글랜드(New England)와 오클라호마(Oklahoma)는 피하는 듯하다.

대마초에 관한 책 6권
문신에 관한 책 5권
순회공연 배우에 관한 책 1권
문신하고 대마초를 피우는 순회공연 배우에 관한 책 0권

문화 및 사회

영혼을 위한 닭고기 스프 1권

과학 및 기술

알고 계셨습니까?
- 아름다운 사람은 딸을 더 많이 낳는다.

신문 및 잡지

사람 관찰
실제로 잡지를 사는 사람 3명
앉아서 공짜로 읽으려는 듯한 사람 12명

경제경영

영혼을 위한 닭고기 스프 1권

예술 및 디자인

사람 관찰
토마스 킨케이드(Thomas Kinkade)가 쓴 『빛의 화가를 아는가?(You know, the painter of light)』를 찾는 여자 1명
콧웃음을 참는 젊은 가게 점원 1명

음식 및 웰빙

'변화'에 관한 책 6권
'사랑'에 관한 책 7권
'교제'에 관한 책 5권
'마음껏 즐기는 것'에 관한 책 3권
다시 '차분해지는 것'에 관한 책 1권

감정에 관해 배운 것
- 감정을 표현하자. 심하지 마라.
- 슬퍼도 괜찮다. 슬퍼하며 울자!
- 화는 건강하지만, 분노는 아니다.

여행

도시 도보 지도 6권
쇼핑 지도 9권
술집 지도 3권

각종 참고서

'쓸모없는 정보'에 관한 책 4권
똑똑하게 말하는 법에 관한 책 3권
허섭스레기만 가득해 보이는 책 1권

잠시만…
- 뜨개질은 외설적인가?
- 퀼트는 유행을 선도하는가?
- 나사로 장신구를 만들 수 있다!?
- 음, 가슴이 큰 미인의 나체가 등장하는 표지는 전부 무슨 의미일까?

영혼을 위한 닭고기 스프 38권

치킨 스프 요리법에 관한 책 1권

사람 관찰
다이어트 책 3권을 들고 케이크 베이킹 코너를 훑어보는 여자 1명

영혼을 위한 닭고기 스프 1권

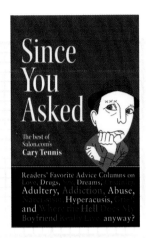

프로필: 케리 테니스(Cary Tennis) 은 Salon.com에 인기 있는 상담 글을 쓴다. 테니스는 가장 좋아하는 글을 선집으로 묶어서 상업 출판사들에 투고했는데, 당시 '그 프로젝트는 기이하게 꼬이더니 죽어버렸다.' 그러나 출판업계에서 '플랫폼'이라고 부르는 열렬한 팬층을 보유했기 때문에, 스스로 책을 제작해서 온라인으로 독자에게 직접 팔기로 했다.

『여러분이 물었으니(Since You Asked)』에서는 독자가 어두운 개인사에 관해서 길고 자유로운 편지를 보내면 그 뒤로 테니스가 더 길게 대답하는 모습이 나온다. 하지만 출판사들은 그보다는 간결하게 들리는 짧막한 글을 원했다. 테니스가 설명하길 연락했던 편집자들은 '우리가 활동하는 이 문화를, 살롱(Salon: 뉴스 및 기고문 사이트)과 그곳에서 인습을 타파하려는 작가와 정치인을 중심으로 돌아가는 자유분방하고, 열변을 토하고, 지적이고, 사색적이고, 따지기 좋아하는 이 인터넷 문화를 이해하지 못했다.' 게다가 불만 많은 작가 친구가 알려준 바에 따르면, 출판사들은 책을 인쇄하는 데는 돈을 먼저 내놓지만, 책을 홍보하거나 유지하는 데는 거의 손을 놓는다고 했다. 그런데도 출판사들은 책 외양과 느낌 어조를 통제하려고 한다.

테니스는 바로 그 통제권을 원했으므로 직접 책을 출판하기로 했다. 운 좋게도 아내인 노마 테니스(Norma Tennis)는 전문 그래픽 디자이너였다. 테니스가 말했다.

"저는 내용과 디자인을 통제하고 싶었죠. 그리고 나와 내 아내가 열정적으로 관심을 쏟는 그 온갖 친밀한 것들을 우리와 우리 태도를 모르는 사람에게 넘기면 견딜 수 없을 게 분명했습니다."

처음에 인쇄한 책 3,000부가 28권씩 들어가는 상자 107개에 담겨 도착하자, 차고와 지하실에 쌓았다. 책을 한 권씩 배송하면서 케리와 노마는 독자와 개인적으로 연결된 느낌을 받았다.

온라인 판매

여러분이나 여러분 조직에 웹사이트가 있다면, 페이팔(PayPal) 같은 서비스를 이용해서 온라인 '상점'을 쉽게 만들 수 있다. 그러면 책을 고객에게 직접 팔 수 있고 유통사를 찾느라 생기는 번잡한 일과 비용을 피할 수 있다. 심지어 마이스페이스(MySpace)나 페이스북(Facebook)도 책을 판매하는 도구로 쓸 수 있다. 여러분이 가진 웹사이트에서 책을 파는 데는 ISBN도 필요 없다. 그저 잠재 고객에게 강렬한 방식으로 책을 선보이기만 하면 된다. 그리고 책은 반드시 즉각 발송하자!

ISBN을 발급받은 책이라면 아마존의 방대한 상품 데이터베이스에 넣을 수 있다. 책을 직접 유통한다면, 마켓플레이스(Markerplace) 판매자 계정을 만들어서 아마존을 통해 판매할 수 있다. 아마존은 매출당 일정 비율을 징수하지만, 선금을 요구하진 않는다. 주문형 출판 서비스나 독립 출판사 조합을 통해 책을 배포한다면, 유통사는 아마존을 통해 들어온 주문도 분명 이행할 것이다.

그러면 잠재 독자는 여러분 책에 관해 어떻게 알 것인가? 저자와 출판사는 아마존 어소시에이츠(Amazon Associates)가 됨으로써 온라인으로 책을 홍보할 수 있다. 이 무료 서비스를 이용하면 여러분 블로그나 웹사이트에서 아마존 판매 페이지로 고객을 직접 이끌 수 있다. 저자는 이 링크를 통해 책이 팔릴 때마다 아마존에서 소개비를 받는다.

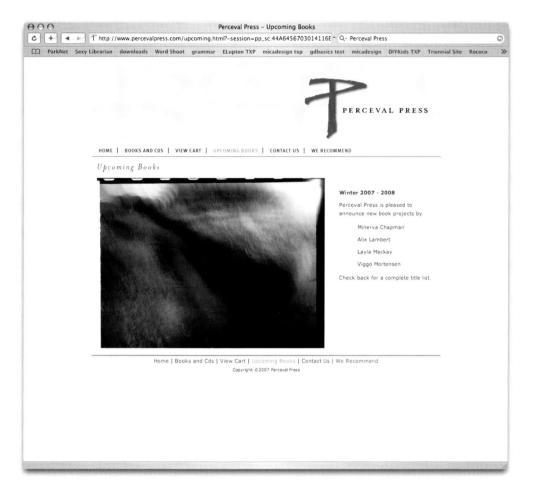

profile:비고 모텐슨(Viggo Mortensen)은 〈반지의 제왕〉에서 '아라곤' 역과 데이비드 크로넨버그(David Cronenberg)가 감독한 〈폭력의 역사〉에서 호감 가는 사이코패스 역을 연기한 배우다. 더불어 퍼시발 프레스(Perceval Press)라는 독립 출판사를 세워서 일년에 약 10권씩 책을 발행하고 있다. 이 출판사는 예술과 사진, 철학, 정치에 관한 책을 출판한다. 여기에 보이는 것은 웹 페이지와 비고 모텐슨이 출간한 사진집 표지다. 퍼시발 프레스에서 낸 책은 주로 Percevalpress.com을 통해 온라인으로 판매한다.

마케팅

여러분이 상업적인 경로로 책을 출판했다고 해도, 작가로서 여러분은 프로젝트에서 가장 중요한 기획자다. 학교와 도서관, 서점, 박물관, 미술관, 그밖에 잠재 독자를 만날지도 모르는 여러 곳에서 강연을 하면서 자기만의 북 투어를 개최하자. (선금을 받고 전국을 누비며 홍보를 하거나, 스타벅스나 반스앤노블에서 최근에 낸 책에 관해 지식인들과 이야기를 나누는 일은 허황한 꿈이다. 이런 북 투어는 가장 인정받는 작가만 누릴 수 있는 특권이다). 성공은 성공을 낳는다. 대중에게 모습을 드러내고 언론 스크랩을 이용함으로써 서적상이 여러분 책을 취급하거나 더 많은 낭독회 및 담화를 홍보하도록 유도하자.

여러분 웹사이트나 블로그는 책에 관해 이야기하고, 직접이든 아마존을 비롯한 온라인 판매자를 통해서든 판매를 제안하기에 훌륭한 장소다. 이미지와 발췌, 지지 사진, 기타 정보를 제공하면 언론인이나 블로거들이 여러분에 관해 글을 쓰기가 더 수월하다.

서평용 증정본이란 온오프라인 신문사의 언론인들에게 무료로 보내는 책으로 그 언론인은 여러분 프로젝트에 관해 기사를 써줄지도 모른다. 여기에는 비용이 많이 듦으로 보도 자료나 홍보 자료를 먼저 보낸 뒤 요청이 들어올 때만 증정본을 보내는 것도 고려해보자. 국내에는 이러한 "릴리스" 서비스를 대행하는 업체가 몇 군데 있다.

책 파티는 여러분 프로젝트를 둘러싼 소문을 만든다. 누구를 초대할까? 친구와 언론, 프로젝트에 관여한 사람 전부다. 창의력을 발휘하자. 흥미로운 바나 레스토랑에서 파티를 열 거나 밴드를 초대해서 분위기를 띄우자.

프로필: 로쿠스(Locus)는 독립 제작한 잡지로 볼티모어(Baltimore)에서 출간하는데 주로 볼티모어 지역 예술가와 작가들의 작품을 싣는다. 로쿠스는 에밀리 J. 헌터(Emily J. Hunter)와 아서 순톤사라툴(Arthur Soontornsaratool)이 편집하고 디자인하여 출판한다. 디지털 인쇄로 제작하며 1회 인쇄 부수는 500권 이하다. 각 호를 발행하고자 발행인들은 큰 파티를 주최하는데, 거기서 10달러에 잡지를 판매한다. 로쿠스는 지역 잡지로 대부분을 발행 파티에서 다 팔기 때문에 바로 거기서 유통 문제도 해결한다. 표지는 루카 디피에로(Luca Dipierro) 작.

보도 자료 쓰는 법

책의 타이틀 로고를 보여줌으로써 편지 첫머리에서 출간 사실을 알리자. 여러분의 책에 로고가 없다면 표지 그래픽을 기초로 하나 만들어보자.

독립출판 교과서
나만의 책 디자인하고 제작하는 법

2008년 10월 20일
연락처 : 엘렌 립튼
www.papress.com

부끄러워 말자. 주의를 사로잡을 표어로 편지를 시작하자.

날짜는 물론 연락처 정보를 잊지 말고 포함하자.

이 새로운 책은 디자이너와 작가, 예술가에게 작품을 출판하는 방법을 보여준다.

인쇄물은 죽지 않았다. 지금부터가 시작이다. 지금부터가 시작이다. 디지털 혁명 덕분에 독립 작가는 자기 작품을 인쇄하여 멀리서 넓게 퍼져있는 독자에게 배포하기 쉬워졌다. 이 편리한 안내서는 프린스턴 아키텍처럴 프레스에서 출판했는데, 인쇄물을 디자인하고 제작하고 유통하는 과정을 수제로 제작한 판에서부터 주문형 출판과 대량 생산에 이르기까지 다양한 규모별로 알기 쉽게 설명한다.

중요한 사실은 첫 번째 단락에 나와야 한다. 기자는 이 글을 직접 이용해서 지역 신문에 실을 행사 목록을 작성할 것이다.

이 책은 문학과 시, 동인지, 전시회 카탈로그, 아동서, 예술 포트폴리오를 포함하여 매우 흥미로운 도서 장르에 대해 시각적 사례 연구를 차례로 제시함으로써 독자가 창의적인 디자인 과정을 탐사하도록 초대한다. 규모(size)와 크로핑(cropping), 페이싱(pacing), 타이포그래피(typography) 같은 디자인 원칙을 살펴보면서 효율적이고 흥미로운 속표지와 목차, 캡션 등을 만드는 법에 관해 설명한다. 또 출판 프로젝트를 위한 마케팅 자료를 만드는 과정으로도 독자를 안내한다. 여러분이 늘 자기 이야기를 출간하고 싶었다면, 직접 그렇게 하는 방법을 이 책이 보여줄 것이다.

'어떻게 만들까' 장에서는 수작업용 도구와 디지털 장치를 이용하여 책을 제작하는 과정을 독자에게 단계별로 안내한다. 책을 제본하고, 활자로 조판하고, 지면 배열을 정하고, 생산할 책을 준비하는 방법을 배워보자.

이 책은 메릴랜드 미술대학에서 그래픽 디자인 MFA(Graphic Design MFA) 프로그램에 참여 중인 학생과 교직원이 디자인하고 저술했다. 이 책은 독립 디자이너와 발행인이 만든 획기적인 작품을 예로 들어 설명한다.

흥미로운 종이 재질을 이용하여 보도 자료에 눈이 번쩍 뜨이는 개성을 더하자. 단, 여러분이 전달하는 메시지 내용이나 분위기가 디자인과 충돌하지 않게 주의하자.

나만의 책 디자인하기

디자인의 기초 – 소설 – 시 – 동인지 – 어린이를 위한 그림책 – 어른을 위한 그림책 – 전시회

디자인의 기초 – 소설 – 시 – 동인지 – 어린이를 위한 그림책 – 어른을 위한 그림책 – 전시회

카탈로그 – 포트폴리오

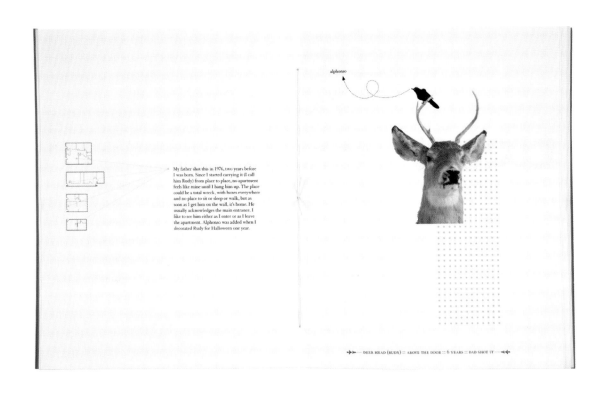

My father shot this in 1976, two years before I was born. Since I started carrying it (I call him Rudy) from place to place, no apartment feels like mine until I hang him up. The place could be a total wreck, with boxes everywhere and no place to sit or sleep or walk, but as soon as I get him on the wall, it's home. He usually acknowledges the main entrance. I like to see him either as I enter or as I leave the apartment. Alphonso was added when I decorated Rudy for Halloween one year.

→→→ DEER HEAD (RUDY) :: ABOVE THE DOOR :: 6 YEARS :: DAD SHOT IT ←←←

결정, 결정. 이 한정판 책은 어떤 사람네 집에서 나온 특별한 물건을 이용해서 그 사람 초상화를 그린다. 페이지를 넘길 때마다 양면에 걸쳐서 공예품을 선보이고, 세월이 흐름에 따라 여러 아파트에서 그것을 어디에 배치했는지 끼워 맞춘다. 디자이너는 면 규격(6.5 x 8 인치), 서체(그랑존 자체), 인쇄술(잉크젯), 종이(스톤헨지 크림), 제본(손으로 꿰맨 접장)을 비롯해서 수없이 많이 결정을 내린 다음에야 책을 최종 형태로 도출해냈다. 디자인은 킴 벤틀리(Kim Bentley) 작.

디자인의 기초

—조셉 갤브레스(Joseph Galbreath)

책을 골라 들고 읽는 중에, 누가 그 책을 디자인했는지 생각해보려고 잠시 멈추는 일은 좀처럼 없을 것이다.

하지만 모든 책은 창의적인 사람들이 조립했으며, 이들은 면 크기에서부터 표지 디자인은 물론 제본 및 종이 선택까지, 제작 과정에 면면이 주의를 기울인다. 상업 도서는 보통 앞면에 선명한 활자체와 이미지를 사용해서 그 자체로 이목을 끌어당기면서도, 안쪽 면은 대게 섬세하고 사려 깊게 꾸밈으로써 가독성을 우선시한다.

북 디자인은 예술이다. 단순한 책이라도 디자인해보려고 시도해본 적이 있다면 이 예술이 얼마나 어려울 수 있는지 금세 알아차릴 것이다. 그래픽 디자인 경험이 없다면, 첫 번째 시도는 가능한 한 단순하게 하고 다른 책을 자세히 살펴보면서 영감을 얻자. 책 제작은 그 전통이 길며, 과거에 등장했던 디자인을 본떠서 책을 만든다면 독자가 고전적이고 전문적이며 매력적이라고 느끼는 책을 만들 수 있을 것이다.

책을 디자인하는 과정은 생산 및 제조, 즉 책을 어떻게 물리적으로 만드는지와 밀접하게 얽혀있다. 이 장에서는 순서, 내지 디자인, 조판, 표지 디자인에 관해 기본 원칙을 살펴본다. 디자인 과정에 돌입하면 책을 어떻게 만들지도 염두에 둬야 한다. 우리 책에서 '나만의 책 만들기' 장을 참고해서 아이디어를 얻자. 전문 디자이너와 일하는 것이 프로젝트에 가장 좋은 길이라고 판단할 수도 있지만, 독립 발행인으로서 디자인 과정과 친숙해지고 싶을 것이다.

책의 구성 파헤치기

거의 모든 책에는 시작과 중간과 끝이 있다. 여기서는 출판하는
책이 보통 어떤 구조인지 개략적으로 보여준다.

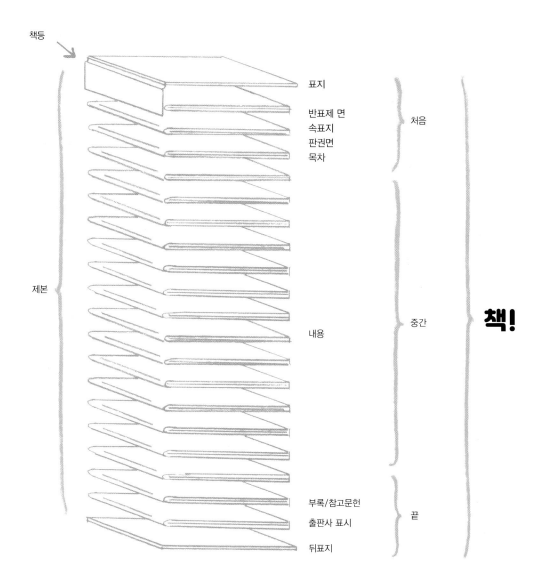

책등

책!

제본

표지
반표제 면
속표지
판권면
목차

처음

내용

중간

부록/참고문헌
출판사 표시
뒤표지

끝

글 위주 책

소설과 일부 비문학 작품은 글을 위주로 구성하지만, 책 도입부에 넣는 속표지나 장을 시작할 때마다 넣는 작은 그림, 내용에 꼭 들어맞는 도표처럼 때때로 삽화를 넣는다.

글 위주 책은 대부분 중심에 커다란 세로 단이 하나 있는데 이를 본문이라고 한다. 여백은 사방이 같을 수도 있지만, 가운데에 여백을 더 넓게 주어서 제본 부분과 내용 사이를 넓게 유지하거나, 바깥면을 따라 여백을 더 넓게 주어서 독자가 손으로 잡을 공간을 마련할 수도 있다. 어떤 디자이너는 바닥여백을 넓게 해서 손으로 잡을 자리를 제공하길 좋아한다.

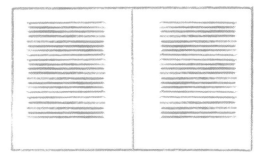

기본적인 글 위주 책

사진 위주 책

사진집과 전시회 카탈로그 등은 사진 위주다. 사진 모양과 크기가 어떤지, 사진에 대해 무엇을 이야기하고 싶은지에 따라서 내지를 디자인하자. 사진이 대부분 세로로 길거나, 가로로 길거나, 정사각형인가? 이미지만 보여주는가 아니면 글과 함께 사진을 보여주는가?

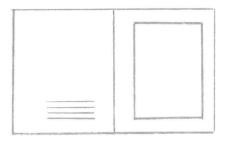

왼쪽 면에는 캡션을 쓰고 오른쪽에는 이미지를 넣는다. 글과 이미지를 깔끔하게 나눈다.

캡션과 사진을 한 페이지에 넣는다. 이렇게 하면 공간을 더 비용 효율적으로 활용할 수 있지만, 캡션을 넣을 공간을 만들기 위해 사진을 더 작게 넣어야 할 가능성이 있다는 뜻이기도 하다.

기본적인 사진 위주 책

페이지와 스프레드

모든 책은 페이지를 순서대로 묶어서 만든다. 책을 열면 첫 페이지와 마지막 페이지만 홀로 존재한다. 다른 페이지는 전부 스프레드, 즉 함께 보이는 왼쪽과 오른쪽 페이지의 일부다. 따라서 디자이너들은 책을 개별 페이지를 순서대로 엮은 것으로뿐 아니라 스프레드를 순서대로 엮은 것으로 여긴다. 글 위주 책은 보통 왼쪽과 오른쪽 면이 서로 대칭이다. 이렇게 하면 인쇄했을 때 주요 글 덩어리가 반대쪽 페이지에 비쳐 보이지 않는다. 사진집에서는 때때로 이미지가 스프레드 왼쪽에서 오른쪽까지 가로지른다. 이럴 때 디자이너는 책등이 이미지 어디에 오는지에 신경 써야 한다. 책등은 물리적이고 시각적인 존재감이 크기 때문에 중요한 세부사항을 가로질러선 안 된다.

대칭축

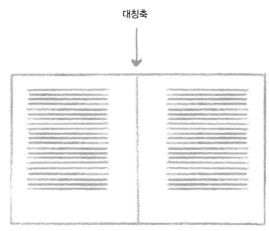

스프레드는 한꺼번에 보이는 왼쪽 페이지와 오른쪽 페이지로 구성된다. 북 디자인의 기본 단위기도 하다.

목차

이 중요한 항해 장치는 여러분이 책에 무슨 내용을 담았는지와 그 내용을 어디서 찾을 수 있는지 독자에게 말해줄 뿐 아니라 중요한 마케팅 도구가 된다. 온라인 서점은 보통 미리 보기에 목차를 포함해서 보여주며, 잠재 구매자는 이 정보를 이용해서 책을 살지 등을 돌릴지 결정한다.

미리 보기
『기성품: (거의) 모든 것을 만드는 방법(Ready Made: How to Make (Almost) Everything)』은 목차에 삽화가 들어있어 그다음 내용을 살펴보고 싶게 유혹한다. 저자는 쇼샤나 베르거(Shoshana Berger)와 그레이스 호손(Grace Hawthorne). 디자인은 에릭 헤이맨(Eric Heiman) 작.

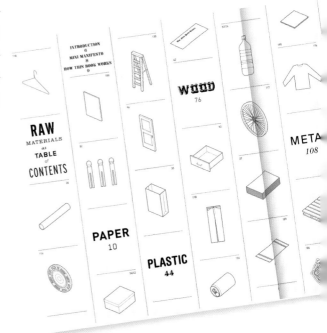

책을 구성하는 요소

전문

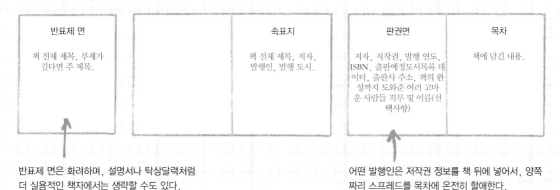

반표제 면	속표지	판권면	목차
책 전체 제목, 부제가 길다면 주 제목.	책 전체 제목, 저자, 발행인, 발행 도시.	저자, 저작권, 발행 연도, ISBN, 출판예정도서목록 데이터, 출판사 주소, 책의 완성까지 도와준 여러 고마운 사람들 직무 및 이름(선택사항)	책에 담긴 내용.

반표제 면은 화려하며, 설명서나 탁상달력처럼 더 실용적인 책자에서는 생략할 수도 있다.

어떤 발행인은 저작권 정보를 책 뒤에 넣어서, 양쪽 짜리 스프레드를 목차에 온전히 할애한다.

본문

쪽번호는 책 여백에 쓴다. 어떤 책이든 오른쪽에서 시작하므로 왼쪽은 항상 짝수 오른쪽은 항상 홀수다.

권말 부속

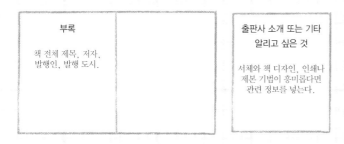

부록

책 전체 제목, 저자, 발행인, 발행 도시.

출판사 소개 또는 기타 알리고 싶은 것

서체와 책 디자인, 인쇄나 제본 기법이 흥미롭다면 관련 정보를 넣는다.

타이포그래피

서체를 선택해서 지면에 배열하는 일은 책에 매력적이고 적절한 분위기를 조성하는 데 꼭 필요한 단계다. 오늘날 디자이너들은 역사적인 글꼴과 현대적인 글꼴을 포함하여 선택할 수 있는 폭이 넓다.

SUSTAINABLE CUISINE

those responsible for bringing the food to our plate creates a greater awareness and connection to the life-sustaining processes.

We encourage individuals to work toward grains, fruits and vegetables as a basis for their diets. Although many people cannot or will not sustain a totally vegetarian diet, we continue to work with individuals to view animal products as garnish. The individual who successfully shifts their diet to include more grains, fruits, vegetables, legumes, nuts and fewer animal products, not only greatly improves their own health, but greatly improves global health. Plant foods undeniably require fewer resources to produce and their production is healthier on our soil, water, and air. But greater benefits are gained when overall lifestyles are changed, and one becomes aware of the impact of all of their choices. Ultimately, global sustainability comes from the individual change that is, in itself, sustainable. We at the Duke Diet & Fitness Center are dedicated to helping people create and sustain lifestyle change.

28

The Power of Real Cheese

Jonathan White

Egg Farm Dairy
2 John Walsh Blvd.
Peekskill, NY 10566
www.creamery.com

For 8,000 years, there has been a triangle trade between humans, ruminants and lactic bacteria.

The humans protect and feed the livestock: sheep, cows, goats, camels, yaks, etc., while they graze on the grass and produce milk. This milk making is the result of another triangle, where the sun and soil produces grass, the cow eats the grass, and the manure fertilizes the soil.

Because the sun-grass cycle is seasonal, there is more milk in spring and less in winter. So, to balance the supply and demand, humanity developed a partnership with friendly bacteria, which ferment the surfeit spring milk into a preservable form: cheese. In subsistence agriculture, the spring milk stored as cheese

29

고전적인 타이포그래피

'치즈의 힘'은 『지속 가능한 요리법 백서(Sustainable Cuisine White Papers)』를 쓴 저자에게 중요한 부분이다. 디자이너인 크리스 키거(Kris Kiger)는 고전적인 서체를 이용해서 이 주제에 진중함을 더했다. 본문 덩어리는 전통에 따라 균등 배치했지만, 장 제목 및 저자 줄은 현대적으로 왼쪽 정렬시켰다. 모서리가 둥글고 지면이 좁은 판형은 책에 독특한 느낌을 준다. 어스 플레지(Earth Pledge) 출판. 첼시 그린(Chelsea Green) 배포.

정렬

페이지 레이아웃 소프트웨어를 이용하면 글을 네 가지 기본 방식으로 정렬할 수 있다. 균등 배치, 가운데 정렬, 왼쪽 정렬, 오른쪽 정렬이다. 대부분 책은 글을 주로 균등 배치해서 단락의 양변을 고르게 만든다. 소설이나 회고록, 여타 글이 많은 작품에서는 균등 배치가 본문을 정렬하기에 가장 친숙하고 효과적인 방법이다. 장별 제목과 속표지, 표지 타이포그래피 등을 위해서는 다른 정렬 형태를 살펴봐야 할 수도 있다. 시는 보통 왼쪽 정렬을 적용해서 글을 쓴 그대로 각 행을 자연스럽게 나누며 가운데로 집중시키거나 기하학적인 단락에 억지로 맞추지 않는다. 삽화가 많은 책은 글 위주인 책보다 관습에 덜 얽매인다. 내용은 물론 여러분이 전달하려는 관점과 어떤 정렬 방식이 가장 잘 부합하는지 찾아내는 실험을 하자.

균등 배치

글 덩어리가 클 때 사용하는 표준 형식이다. 균등 배치한 글은 지면에서 깔끔해 보이며 무척 경제적인데, 페이지 레이아웃 소프트웨어가 하이픈을 사용하는 것은 물론 단어와 글자 사이 간격을 조절해서 행마다 단어를 최대한 많이 맞춰 넣기 때문이다. 글줄 길이가 너무 짧다면 하이픈과 자간이 들쭉날쭉하고 불균일할 것인데, 예를 들어 신문은 대개 띄어쓰기 간격이 넓고 한 문단 안에 하이픈이 들어간 줄이 많다. 인디자인(InDesign) 같이 전문적인 페이지 레이아웃 프로그램이 아니라 마이크로소프트 워드(Microsoft Word) 같은 워드 프로세싱 프로그램을 사용해서 책을 만들면, 균등 배치가 특히 지저분해 보일 수 있다.

왼쪽 정렬

세로 단의 오른쪽 면을 따라서 모서리가 들쭉날쭉하게 글을 배치하는 형태는 20세기 들어 보편화 됐다. 글을 왼쪽 정렬하는 방식은 현대적이라고 볼 수 있는데, 비대칭적이고 유기적이며 활자 배열을 언어 흐름에 따라 결정하는 데 도움이 되기 때문이다. 왼쪽 정렬은 세로 단이 좁을 때도 잘 어울린다. 하지만 디자이너는 들쭉날쭉하거나 거친 모서리가 어떻게 보이는지에 신중하게 주의를 기울여야 한다. 불규칙하되 자연스럽게 보여야 하기 때문이다. 너무 밋밋하거나 평평하면 안 되고 달이나 지그재그, 다이빙 도약대처럼 인식 가능한 모양을 이뤄서도 안 된다.

가운데 정렬

정적이고 고전적이며 가운데 정렬한 글은 보통 속표지와 장별 제목, 헌정사에 사용한다. 가운데 정렬한 글은 정중한 성격을 띠므로 청첩장과 묘비, 그리고 인사장에서 보이는 운문 종류에도 적합하다. 글을 가운데 정렬할 때 디자이너는 보통 의미 단위로 줄을 바꾸며, 중요한 단어나 문단은 단독 행에 쓴다. 가운데 정렬한 글은 보통 줄 간격이 넓다.

오른쪽 정렬

절대 아니라고는 안 하겠지만, 책에 나온 글을 통째로 오른쪽 정렬하는 때는 거의 없다. 하지만 캡션과 방주를 만들거나 여타 작은 부분을 타이포그래피로 세련되게 표현할 때는 오른쪽 정렬 방식이 매우 유용할 수 있다. 오른쪽 면을 고르게 하면 지면에 있는 다양한 요소들 사이에 친밀감이나 자기적 끌림을 유도할 수도 있다.

역사적인 도서용 서체

다양한 서체가 특히 책에 사용하는 용도로 탄생했는데, 그중 가라몬드(Garamond)체, 캐즐런(Caslon)체, 젠슨(Jenson) 체처럼 전통적인 글꼴은 오늘날 현대적인 디지털 버전으로 사용 가능하며, 이런 버전은 역사적 출처를 반영하도록 신중하게 디자인됐다. 퓨츄라(Futura)체와 헬베티카(Helvetica)체 같은 산세리프(Sans serif)체로도 책을 조판할 수 한글의 경우, 고딕체가 산세리프체를 대신할 수 있고, 명조체가 세리프체를 대신할 수 있다.

Jenson is based on typefaces created in the fifteenth **century by the Venetian printer Nicolas Jenson.** *Italic typefaces were created by Jenson's contemporary* LUDOVICO DEGLI ARRIGHI.

adobe jenson pro

젠슨체는 15세기에 베네치아인 인쇄업자 니콜라스 젠슨(Nicolas Jenson)이 개발한 서체를 기반으로 한다. 이탈릭체는 젠슨과 동시대를 살았던 루도비코 아리기(Ludovico degli Arrighi)가 만들었다.

– 어도비 젠슨 프로(Adobe Jenson Pro)

어도비 젠슨체는 로버트 슬림바흐(Robert Slimbach)가 1995년에 디자인했는데, 르네상스 시대에 뿌리내리고 있음을 표현하면서도 지나치게 격식을 차리거나 점잔을 빼는 듯한 느낌은 없다. 리본 같은 글자 획을 보며 그 기원이 아름다운 손글씨였음을 느껴보자. 어도비 젠슨체는 작은 대문자를 쓸 수 있을 뿐 아니라 글자를 보통이거나 굵게, 중간 굵게 쓸 수 있다. 르네상스 시대에는 이렇게 두께를 조절하진 않았다. 이탈릭체는 특히 아름다운 손글씨 느낌이 난다.

Garamond is the name for typefaces inspired by **the sixteenth-century printing fonts of Claude** *Garamond. Over the centuries, many designers have* CREATED TYPEFACES BASED ON GARAMOND'S TYPES.

adobe garamond pro

가라몬드체라고 이름 붙인 서체는 16세기에 클로드 가라몽(Claude Garamond)이 만든 인쇄체에서 영감을 받았다. 수 세기 동안 여러 디자이너가 가라몽의 활자를 기반으로 서체를 만들었다. – 어도비 가라몬드 프로(Adobe Garamond Pro)

어도비 가라몬드체는 로버트 슬림바흐가 1995년에 디자인했는데, 르네상스시대에 사용했던 본래 서체의 비율을 존중했다. 젠슨체보다는 장식적인 손글씨 같은 느낌이 덜 뚜렷하다. 소문자 'a'의 둥근 부분이 우후한 3차원이며 대분자 "P"에 틈이 있는 것에 주목하자. 어도비 가라몬드체는 작은 대문자를 쓸 수 있을 뿐 아니라 글자를 굵거나 중간 굵게 쓸 수 있다. 르네상스 시대에는 이렇게 두께를 조절하진 않았다. 이탈릭체는 손글씨보다 더 서정적이다.

Caslon is named for the British typographer **William Caslon, whose elegant and practical** *fonts were an eighteenth-century staple and a fond* PERSONAL FAVORITE OF BENJAMIN FRANKLIN.

adobe caslon pro

캐즐런체는 영국인 인쇄기술자 윌리엄 캐즐런(William Caslon)의 이름을 땄는데, 캐즐런이 개발한 이우아하고 실용적인 글꼴은 18세기에 주류를 이뤘고 벤자민 프랭클린(Benjamin Franklin)이 개인적으로 가장 사용하기 좋아했던 서체다. – 어도비 캐즐런 프로(Adobe Caslon Pro)

어도비 캐즐런체는 캐롤 톰블리(Carol Twombly)가 1990년에 디자인했다. 작은 대문자를 쓸 수 있을 뿐 아니라 글자를 굵거나 중간 굵게 쓸 수 있다. 18세기에는 이렇게 두께를 조절하진 않았다. 미국에서는 독립 선언문과 헌법을 캐즐런체로 처음 인쇄했다. 캐즐런체는 세로 요소가 강렬하고, 세리프(serif)가 뚜렷하며, 이탈릭체를 넓게 띄엄띄엄 쓴다.

현대적인 도서용 서체

전 세계에서는 그래픽 디자이너들이 새 글꼴을 개발해서 온라인으로 배포하고 있다. 이 책은 아래에서 보여주는 두 글꼴, 돌리(dolly)체와 오토(auto)체로 조판했다. 새 서체를 고를 때는 전통적인 글꼴에 기대하는 것과 마찬가지로 책에 중점을 둔 특징이 있는지 살펴봐야 하는데, 예를 들면 작은 대문자와 기준선에 맞추지 않는 숫자(non–lining numerals) 등이 있다. 서체의 품질을 판단하려면 디자이너가 자기 웹사이트에서 서체를 어떻게 선보이는지 살펴보자. 글꼴을 신중하게 보여주고 설명하는가? 진하기와 유형을 다양하게 조절할 수 있는가?

Dolly, the typeface used for setting the main *text of this book, was designed by Underware, an* **independent type foundry and graphic** DESIGN STUDIO IN THE NETHERLANDS.

Dolly

돌리는 이 책 본문을 쓰는 데 사용한 서체로 네덜란드에 있는 독립 서체 개발사이자 그래픽 디자인 스튜디오인 언더웨어(Underware)에서 디자인했다.　　　　　　　　　　　　　－ 돌리

돌리체는 글자가 견고하지만 작게 써도 읽을 수 있는데, 두꺼운 요소와 얇은 요소가 상대적으로 덜 차이 나기 때문이다. 이 책에서는 서체를 보통 10포인트로 사용했다. 돌리체를 더 크게 쓰면 세세한 부분이 더 명백하게 드러난다. 돌리체는 로마자와 이탤릭체, 볼드체, 작은 대문자 등 4가지 유형을 지원함으로써, 책을 조판하는 데 따르는 기본적인 문제를 해결할 수 있는 건강한 팔레트를 제공한다.

Auto, also designed by Underware, is a sans **serif typeface. Auto is designed in several** *weights, which are used in this book for captions,* **HEADINGS, AND OTHER SUPPORTING TEXT.**

Auto

오토체는 마찬가지로 언더웨어에서 디자인했으며, 산세리프체다. 오토체는 굵기가 여러 가지이며, 이 책에서는 캡션과 제목을 비롯하여 여타 본문을 뒷받침하는 글에 굵기가 다른 오토체를 사용했다. － 오토

오토체는 이탤릭체가 3가지인데, 단순하고 직선적인 것에서 구불대고 아담한 것까지 각자 고유한 정취가 있다. 우리 책에서는 세 가지 중 가장 중립적인 오토1 이탤릭 세트(Auto 1 italic set)를 사용한다. 오토체는 내용뿐 아니라 제목에 사용해도 효과적이다. 또 작은 대문자뿐 아니라 보통 스타일과 굵은 스타일, 아주 굵은 스타일도 선보인다.

The Scala type family was designed by Martin *Majoor in the Netherlands in 1991. Like many* **recent typefaces, Scala is designed in both** serif and sans serif variants.

Scala

스칼라 서체 종류는 1991년에 네덜란드에서 마르틴 마요르(Martin Majoor)가 디자인했다. 다양한 근대 서체가 그렇듯, 스칼라체도 세리프체와 산세리프체를 각각 변형해서 디자인했다.　　　　－ 스칼라(scala)

스칼라체는 고전적인 모습을 하고 있으나 세부적인 부분은 힘 있고 현대적이다. 곡선이 단순하고, 이탤릭체는 우아하며, 세리프체는 세리프가 매끈하고 뭉툭하다. 글자는 소문자 몸통이 높아서 크기가 작아도 읽을 수 있다. 스칼라체는 세리프체와 산세리프체로 사용할 수 있을 뿐 아니라 두께도 굵게 할 수 있다.

장식용 서체 (display font)

본문, 캡션, 소제목 등등에 사용하기 위해 만든 서체 외에도, 여러분은 추가 서체를 더 크게 사용해서 풍미를 높이고 싶을 수도 있다. 장식용 서체라고 부르는 몇몇 서체는 오직 제목과 표제, 로고를 비롯하여 단어가 얼마 안 들어가는 곳에 사용하기 위해 만들어졌다. 최근에는 한글 폰트 중 이러한 장식용 서체를 무료로 제공하는 회사들이 여러 곳 있다. 포털 사이트에 검색하면 쉽게 찾을 수 있다.

THIS IS VINYL, A HOMEGROWN, HANDMADE DISPLAY FACE.

이것은 비닐(Vinyl)체 인데, 손으로 자가생산한 장식용 서체다.

비닐체는 이 책을 만든 저자와 디자이너 중 하나인 존 코리건 (John Corrigan)이 제작한 서체다. 이 DIY 서체에는 대문자만 존재한다.

A good display face should be
chalet

좋은 장식용 서체는 반드시 – 샬레(chalet)

dramatic and eye-catching, yet still
burin sans

극적이고 눈에 띄어야 하지만, 그래도 여전히 – 부린 산스(burin sans)

READABLE. DISPLAY FACES ARE DESIGNED TO
trade gothic

가독성 있어야 한다. 장식용 서체를 디자인하는 이유는 – 트레이드 고딕(trade gothic)

intrigue and surprise readers as well as
united serif thin

독자가 흥미를 갖고 놀라게 하려고 할뿐 아니라 – 유나이티드 세리프 씬(united serif thin)

to deliver information. Well-chosen
fontin bold

정보를 전달하려고 이다. 잘 선택한 – 폰틴 볼드(fontin bold)

DISPLAY FACES CAN GIVE A
house spaceage round

장식용 서체를 이용하면 – 하우스 스페이스에이지 라운드(house spaceage round)

publication a distinct voice.
dot matrix

출판물에 뚜렷한 목소리가 생긴다. – 닷 매트릭스(dot matrix)

SECRETS
of
PURGATORY PIE PRESS
REVEALED!

How to MAKE BOOKS

Fold, Cut & Stitch Your Way to a One-of-a-Kind Book

ESTHER K. SMITH

LINDSAY STADIG illustrations   DAVID MICHAEL ZIMMERMAN photographs

크고 강한 서체

어서 K. 스미스(Esther K. Smith)는 푸가토리 파이 프레스(Purgatory Pie Press)라는 활판 인쇄소를 공동 설립해서 수제로 책을 인쇄하고 제작하는 일을 한다. 포터 크래프트(Potter Craft)에서 출판한 『책 만드는 법(How to Make Books)』의 표지는 크게 활판 인쇄한 글자를 선보이는데, 디코 파우스트(Dikko Faust)가 금속 활자로 새긴 것이다.

표지 디자인

여러분 책이 판매용이라면 표지는 꼭 필요한 마케팅 도구로, 로고나 광고처럼 기능할 것이다.
따라서 서점과 선반에서 훌륭하게 보여야 한다. 또 아마존을 비롯한 온라인 사이트에서 작은 디지털 이미지로 띄워놨을 때도 멋지게 보여야 한다.

디자인 과정

1. 문제 정의하기

무엇을 말하고 싶으며 누구에게 말하고 싶은지에 대해 설명을 적어보자. 책의 요점이 무엇인가? 어떤 태도로 이야기하고 싶은가 (정중하게, 편안하게, 전문적이게, 노골적이게)? 독자는 누구인가 (친구, 경쟁자, 또래, 잠재 고용주)? 이런 목표를 생각하면서 디자인 아이디어를 떠올리자.

2. 조사하기

여러분 책과 비슷한 다른 책을 살펴보자. 여러분이 무엇에 끌리는지 생각해보고 다양한 디자인 전략에 주목하자. 어떤 표지는 전부 글자이고 다른 표지는 사진과 그림을 특징으로 한다. 어떤 것은 차분하고 어떤 것은 요란스럽다.

3. 브레인스토밍하기

떠올릴 수 있는 아이디어를 가능한 한 많이 적어보자. 좋든, 나쁘든, 엉뚱하든 말이다.

4. 우선순위 정하기

어떤 아이디어가 여러분 책에 적합한가? 여러분이 제작할 수 있는 것은 무엇인가? 책에 수록한 빈티지 사진이나 삽화처럼 여러분이 사용 가능한 자원을 연구하자.

5. 도전하기

디자인 실력이 부족하다면, 디자이너나 예술가, 삽화가, 사진가와 협업하자. 사진 공유 사이트에서 스톡 이미지와 사진을 찾아보자. 항상 저작권을 존중하며, 해상도가 높고 크기가 커야 사진을 잘 복제할 수 있음을 늘 명심하자.

6. 시험하기

다른 사람들한테 디자인을 보여주고 반응을 얻자. 각 디자인을 평가하자. 제목은 읽기 쉬운가? 이미지가 제목으로 주의를 끄는가 아니면 분산시키는가? 요소들 사이에 위계가 명확한가? 의도한 메시지와 어조를 디자인이 전달하는가?

다양한 변형
위 사진은 이 책에 사용하려고 최종 선택한 표지의 초기 버전이다. 디자이너인 켈리 매킨타이어는 표지를 마무리하기 전, 색에 수없이 변화를 주었다. 이 초기 디자인은 선명하고 활기찬 느낌이 부족하다. 최종 표지는 바탕에 질감을 주고 더 강렬한 색을 사용한다.

시행착오
디자이너들은 한 팀을 이루어서 이 책에 사용할 표지를 수없이 많이 번갈아 만들었다. 어떤 해법으로는 사진을 이용했고, 어떤 때는 그림을 이용했으며, 일부는 순전히 글자만 넣었다. 이 팀은 작업할 때 메시지에 집중하면서, 적극적이고 실천적인 책 제작 과정 관해 이야기하는 디자인을 최종으로 골랐다.

여러 가지 표지 시안들

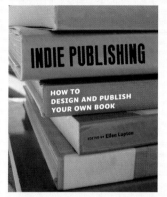

Tony Venne

Design by Ryan Clifford; illustration by Tricia Chin

Kristian Bjørnard

Joo Ha

Ryan Clifford

John Corrigan

Danielle Davis

Lindsey M. Muir

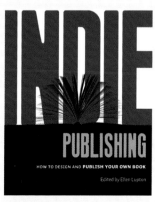

Helen Armstrong

면지

양장본에서 면지란 표지 안쪽과 제본한 접장에 붙은 한 장짜리 종이다. 면지는 기능적
이면서도 장식적인데, 색과 무늬를 이용하여 독자를 반기면서 책을 연 것에 보답하는
분위기를 조성한다. 재미있고 매력적인 면지는 여러분 책이 입는 관능적인 속옷과도 같
다. 양장본이 아니더라도 면지와 유사한 효과를 구사할 수 있는데, 표지 안쪽에 색이
나 무늬를 인쇄하면 된다. (우리가 이 책 표지에 무슨 일을 했는지 확인하길 바란다).

숨은 이야기
여기 보이는 면지는 가장 큰 것에서 작은 것 순
으로 그레이불 프레스(Greybull Press)가 디
자인하고 출판한 『할리우드 생활(Hollywood
Life)』, 윈터하우스(Winterhouse)가 디자인
하고 출판한 『돌팔이 의사들(Quack Quack
Quack)』, 에이드리언 토미네(Adrian To-
mine)가 드론 앤 쿼터리(Drawn & Quar-
terly)를 위해 디자인한 『결점(Shortcom-
ings)』에서 가져온 것이다.

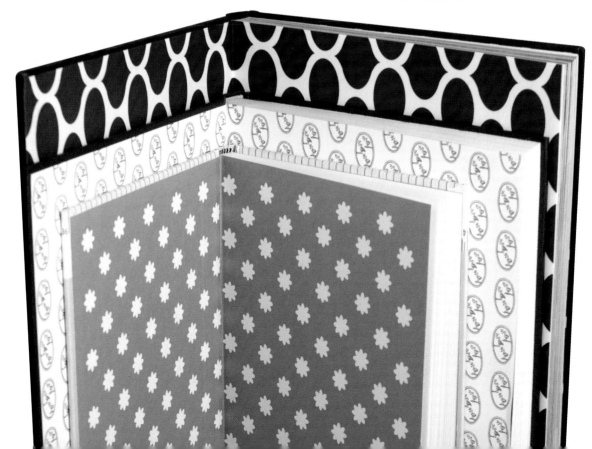

덧표지

덧표지를 만드는 이유는 책이 닳거나 찢기지 않게 보호하기 위해
서다. 덧표지는 책을 광고하는 데도 도움이 되며 추가적인 표현
수단을 제공한다.

화려한 책날개. 스코틀랜드에 있는 어느 박
물관에서 급진적인 벽지 디자이너 듀오 티
모로우스 비스티즈(Timorous Beasties)
를 초청하여 자연과 장식 미술에 관한 전시
회를 기획하도록 요청했을 때, 박물관 측에
서는 전시회에 어울리는 고급스럽고 대담한
카탈로그를 원했다. 뒤로 접은 덧표지 가장
자리를 따라서 제목 문구가 반복되는데, 마
치 천이나 벽지 끝부분 같다. 책은 그래픽
써트 패실리티(Graphic Thought Fa-
cility)에서 디자인을, 던디 컨템포러리 아
트(Dundee Contemporary Arts)에서
출판을 맡았다.

인디자인 집중 강좌

책을 디자인할 때는 어도비 인디자인이나 퀵 익스프레스(QuarkXPress)처럼 전문적인 페이지 레이아웃 소프트웨어를 사용하는 방식이 가장 효율적이고 효과적이다. 이론적으로야 마이크로소프트 워드처럼 일반적인 워드 프로세싱 프로그램을 이용해서도 책을 디자인할 수 있지만, 그렇게 하면 좌절감이 들고 시간을 낭비하며 대개 결과도 형편없다. 인디자인 같은 프로그램을 이용하면 요소들을 직관적으로 끌어다 놓을 수 있을 뿐 아니라 격자를 생성하고 쪽 번호를 달고 서체를 개선하는 일 등을 쉽게 할 수 있다. 여기서는 인디자인에 관해 개략적으로 설명할 것이다. 인디자인의 훌륭한 도움말 버튼을 누르면 여러분이 품고 있는 거의 모든 질문에 대해 답을 구할 수 있다.

새 문서 만들기

'페이지 마주보기'를 선택하면 두 페이지짜리 스프레드 상태로 디자인하면서 여러 페이지짜리 출판물을 만들 수 있다. 문서 크기를 설정해서 나중에 인쇄할 때 재단선이 나오게 하자. (인쇄할 때는 인쇄 메뉴에서 [표시 및 도련] 〉 [재단선 표시]를 선택하자). 인디자인의 기본 측정 단위는 파이카(pica)와 포인트(point)다. 이 단위는 [환경 설정]에서 인치나 밀리미터로 바꿀 수 있다. [레이아웃 격자 대화상자]를 이용해서 격사를 만들자.

텍스트 프레임 만들기

인디자인에서는 모든 요소가 '프레임' 또는 상자에 들어간다. 텍스트 프레임을 만들려면 [문자 도구]를 선택한 다음 드래그해서 틀을 만들면 된다. 또 어떤 프레임이든 [문자 도구]를 선택한 상태로 클릭하면 글 상자로 바꿀 수 있다. 그러면 텍스트를 입력하기 위한 커서가 나타날 것이다. [문자] 창을 이용하면 글꼴, 글자 크기, 줄 간격, 자간을 비롯하여 다른 특성들을 바꿀 수 있다. [단락] 창을 이용해서 정렬 방식(왼쪽 정렬, 오른쪽 정렬, 가운데 정렬, 균등 배치)을 바꿔보자.

사진 프레임 만들기

이미지는 사진 프레임에 넣는다. [사각형 프레임 도구]를 이용해서 프레임을 그리자. 그리고 [파일] 〉 [가져오기]를 통해 삽화를 링크하자. 그러면 인디자인은 저해상도로 미리 보기를 생성하는데, 덕분에 포토샵이나 다른 소프트웨어에서 나중에 이미지를 편집하거나 사진 전체를 교체할 수 있다. (반면 마이크로소프트 워드는 이미지를 문서에 직접 삽입하기 때문에 디지털 파일이 거대해질 뿐 아니라 편집 능력도 제한된다). 여러분은 원래 이미지 파일에 영향을 주지 않고도 프레임 안에서 이미지를 자르거나 크기를 조절할 수도 있다.

텍스트 감싸기

사진이나 텍스트 프레임에 텍스트 감싸기 값을 부여하면, 다른 프레임에 있는 글은 그 앞이나 뒤로 지나가지 않고 주변을 감쌀 것이다. 이렇게 하려면 [창]〉[텍스트 감싸기]를 선택하면 된다. 인디자인은 새로 넣은 항목에는 텍스트 감싸기 값이 없다.

하이픈 넣기

텍스트를 균등 배치하여 작업할 때는 자동으로 하이픈이 들어가게 설정하자. 한편 가운데 정렬이나 좌우 정렬한 텍스트로 작업하거나, 어떤 종류든 제목을 작업할 때는 이 설정을 끄자. (필요하면 언제든 손으로 하이픈을 넣을 수 있다). [단락] 패널 메뉴에서 [하이픈 넣기]를 클릭하자.

커닝

두 글자 사이 공간을 조절하는 것을 수동 커닝이라고 부른다. (서체에는 이미 커닝 값이 내장되어 있다. 이제 여러분은 각자 판단에 따라 이 커닝 값을 부분적으로 조정할 수 있다). 조정하고 싶은 글자들 사이에 커서를 두자. 맥(Mac)에서는 옵션키와 왼쪽 또는 오른쪽 화살표를 눌러서 공간을 제거하거나 추가하자. 크기가 큰 제목을 만드는 때가 아니라면 커닝을 해야 할 때는 거의 없을 것이다.

LOVE

글자를 평범하게 배치했다.

LOVE

'O'와 'V' 사이에 공간을 추가했다.

자간

단어, 행, 단락 등을 비롯하여 선택한 텍스트 전체에서 글자 사이 공간을 조절하다. 예를 들어 단어를 전부 대문자나 작은 대문자로 설정했을 때는 자간을 조절하여 글자 주위 공간을 확장하는 것이 바람직하다. 텍스트를 선택하고 [문자] 메뉴나 툴바에서 [자간] 값을 입력하자(VA 밑에 화살표가 있는 아이콘).

THIS TEXT IS ALL CAPS

Not tracked

THIS TEXT IS ALL CAPS

Tracked 100

텍스트 프레임 엮기

텍스트 프레임을 두 개 이상 연결해서 한 프레임 안에 있는 텍스트가 다른 프레임으로 흘러가게 할 수 있다. 이 기능을 사용하면 단이 여러 개이고 페이지도 여러 개인 문서를 만들 수 있다. 텍스트 프레임을 선택한 다음 흰색 화살표 도구를 선택한 채로 프레임의 시작 포트나 끝 포트(플러스나 마이너스 표시가 있는 작은 사각형)를 클릭하자. 화살표가 '텍스트' 아이콘이 될 것이다. 이 텍스트 아이콘을 연결하고 싶은 프레임에 가져가 두자. 그러면 스레드 아이콘이 된다. 스레드를 확정하기 위해 새 프레임을 클릭하자. 또는 페이지에 아무 부분이나 클릭하면 인디자인에서는 새 프레임을 자동으로 만들어 줄 것이다.

페이지 삽입하고 삭제하고 재배열하기

[페이지] 패널에서 페이지를 통제할 수 있다. 페이지 아이콘을 선택하고 페이지 옵션 메뉴를 이용해서 삭제해보자. 페이지 아이콘을 붙잡은 다음 원하는 곳으로 옮겨서 페이지를 재배열할 수도 있다.

마스터 페이지

마스터 페이지는 페이지 번호와 제목, 기준선처럼 문서에서 새 페이지마다 나타나는 그래픽을 담고 있다. [페이지] 패널 메뉴에서 [새 마스터]를 선택하자. 마스터 이름을 정하고 글과 다른 이미지를 넣자. 이제 마스터를 아무 페이지나 전체 페이지에 적용할 수 있다. 기존 마스터를 기준으로 새 마스터를 설정하거나, 문서 하나에서 마스터를 여러 개 만들거나, 현재 페이지를 마스터로 바꿀 수도 있다. 더 정보가 필요하다면 인디자인의 온라인 도우말을 참조하기 바란다.

문서 페이지에 마스터 요소를 덮어씌우려면, 커맨드-시프트(PC에서는 컨트롤-시프트)를 누르고 요소를 선택하자. 그러면 항목을 편집하거나 삭제할 수 있다. 이렇게 덮어씌운 마스터 항목은 마스터 페이지를 편집해도 해당 페이지에서는 갱신되지 않음을 주의하자.

자동으로 페이지 번호를 매기려면 상자를 만든 다음 [문자] 〉 [특수 문자 삽입] 〉 [표시자] 〉 [현재 페이지 번호]를 선택한다.

경계선 써서 작업하기

[단락] 패널 메뉴에서 [단락 경계선]을 선택하자. 기본 굵기는 1포인트인데, 화면으로는 좋아 보이지만 인쇄하고 나면 무겁고 단조로워 보인다. 깔끔하고 가느다란 경계선을 만들려면 0.25포인트를 선택하자. 오프셋 값은 경계선과 기준선 사이 거리를 조절한다. 경계선은 단락을 나눌 때마다 나타날 것이다. 선 도구를 이용해서 '그리기'보다 이런 식으로 경계선을 설정하자. 그러면 선의 위치와 간격을 일관적으로 통제할 수 있다.

색상 견본 설정하기

텍스트와 경계선, 상자 등에 적용할 수 있게 미리 설정된 색상을 보려면 [색상 견본] 패널을 열자. 옵션 메뉴를 이용하면 새 색상을 설정할 수 있다. CMYK를 사용해서 표준 4색 인쇄 시 사용하는 청록, 자홍, 노랑, 검정 색상을 조합하자. (컴퓨터 스크린에서 보이는 RGB 색상인 빨강, 초록, 파랑과는 반대다). 상용 오프셋 프린터를 사용하며 특수 색상 잉크를 표준 CMYK 대신이나 추가로 사용할 것이 아니라면 '별색'은 사용을 피하자.

파일 공유하기 ────

고해상도 PDF 만들기

폰트와 이미지 링크를 많이 이용하다보면 인디자인 문서가 상당히 복잡해질 수 있다. PDF를 이용하면 인쇄업자나 고객, 최종 사용자가 여러분의 원본 소프트웨어나 폰트 및 이미지 파일에 접근하지 않고도 여러분과 고해상도 파일을 공유할 수 있다. 인디자인에서는 PDF를 쉽게 만들 수 있다. [내보내기]를 누르기만 하면 된다. 많은 디자이너가 원본 인디자인 파일 보다는 PDF 파일을 인쇄하길 선호한다.

프리플라이트와 패키지

[창] 〉 [출력] 〉 [프리플라이트]에서 오류가 있는지 파일을 점검하자. 프리플라이트 프로그램은 이미지가 CMYK 대신 RGB일 때를 비롯하여 여타 문제를 표시해줄 것이다. [파일] 〉 [패키지]를 사용해서 이미지를 비롯하여 프로젝트에 사용한 자료들을 전부 모으자. 인디자인은 모든 요소를 새 폴더에 복사할 것이다.

소책자 인쇄하기

직접 책을 중철 제본하거나 접장을 실 제본한다면, [파일] 〉 [소책자 인쇄]를 이용해서 페이지를 '인쇄용 스프레드'로 재정렬할 수 있는데 그러면 책을 모아서 접고 가운데를 묶을 수 있다. 소프트웨어는 페이지 위치를 정확하게 계산한다.

소설

– 크리스티안 비요나드(Kristian Bjørnard), 엘렌 럽튼

소설가를 지망하는 사람들은 모두 자기 원고를 세상과 공유하 길 원한다. 하지만 주류 도서 업계에서, 편집자 대부분은 문학 에이전트를 통해 들어온 제안만 살펴볼 것인데, 무명작가 때문 에 시간을 낭비하고 평판에 흠집이 날 위험을 감수할 에이전트 는 거의 없다. 부탁받지 않은 원고는 '거대한 투고원고 더미'에 쌓이는데, 이곳은 신출내기 편집부 직원들이 주기적으로 뒤져 보는 쓰레기장이다. 여러분 소설이 최종적으로 투고원고 더미 에 묻히기를 바라지 않는다면, 직접 출판하는 것을 고려해보 자.

이 장에서 소개하는 소설은 젊은 예술가이자 작가인 줄리아 와 이스트(Julia Weist)가 썼다. 『관능적인 사서(Sexy Librarian)』라고 하는 이 소설은 섹시한 로맨스 소설로, 뉴욕을 떠나서 미네소 타주 작은 도시에 있는 공립 도서관에 부임한 젊고 세련된 사 서가 주인공이다. 크리스티안 비요나드는 표지와 내지 레이아 웃, 브랜드 아이덴티티를 디자인했다. 엘렌 럽튼은 발행인 역 할을 맡았는데, 소설을 편집하고 저명한 사서에게 비판적인 평 론을 써달라고 의뢰함으로써, 엽기적이고 청소년 사이에서 유 행하는 스타일을 책에 덧씌웠다. 우리는 주문형 출판(POD) 서 비스를 통해 『관능적인 사서』를 출판했는데, 이 시스템은 책을 주문받을 때마다 하나씩 디지털 인쇄하여 고객에게 보내준다. POD는 대량 생산보다 단가가 높지만, 시작 비용이 매우 낮다. 여러분은 책을 쓰고, 편집하고, 디자인하고 마케팅하는 데 투 자를 크게 해야 할 것이다. 이런 정성 어린 노력에는 돈보다는 시간이 더 들어간다.

관능적인 책 망사 스타킹으로 포장한 이 책은 『관능적인 사서』의 표지가 됐다. 사진은 크리스티안 비요나드 작.

주문형 출판 서비스로 책을 제작하는, 힘들고, 엉덩이가 쑤시고,
머리가 멍해지고, 꼭 필요한 10단계.
문학과 비문학, 시, 전시회 카탈로그 등, 다음 단계를 따라가면 주문형 출판물을
어떤 종류라도 발행할 수 있다.

1. 책 쓰기. 여기까지는 쉬웠다!

2. POD 서비스 선택하기. 여러분은 다양한 곳에서 디지털 인쇄, 온라인 배포, ISBN 취득 서비스를 이용할 수 있다. (어떤 곳은 추가 요금을 받고 디자인과 편집도 해 줄 것이다). 우리는 룰루와 일하기로 했는데, 고객 친화적인 서비스를 통해 초심자를 환영하고 그에 따라 훌륭하게 도움을 제공하기 때문이다. 인쇄 준비된 디지털 파일을 올리는 데는 비용이 들지 않는다. 공식 ISBN을 취득하고 아마존과 보더스(Borders), 반스앤노블과 같은 주요 인터넷 서점과 공유하는 목록에 책을 넣는 데는 수수료가 조금 든다. 책은 고객이 구매할 때마다 하나씩 인쇄해서 배달한다. 여러분은 제작 비용은 물론 저작권료를 포함해서 가격을 설정한다.

3. 판형 고르기. 판형은 쪽 수뿐 아니라 손에 쥐었을 때의 부피감에 영향을 미칠 것이다. 어쩌면 여러분은 쪽 수가 많고 작은 책이나, 책등이 얇고 큰 책을 원할 것이다. POD 서비스를 이용하면 몇 가지 판형뿐 아니라 양장본과 보급판으로도 책을 제작할 수 있다. 서점에 유통하는 용도로는 승인되는 판형이 적을 수도 있으니 신중하게 선택하자. 『관능적인 사서』는 6 x 9인치짜리 보급판이다. 이 크기는 슈퍼마켓에서 파는 소설보다 더 크고 우아하며, 책이 품격있는 소설처럼 보이고 느껴지게 만든다.

4. 편집하기. 모든 저자한테는 편집자가 필요하다. 누군가에게 돈을 지급할 형편이 안 된다면 동료 작가에서 도움을 구하길 권하는데, 그 사람은 문법을 확실하게 이해하며 여러분 소설을 신중하게 읽고 오류와 모순, 줄거리 상 허점 등을 찾아줄 시간과 용기가 있어야 한다. 이 사람에게 줄 돈을 마련할 수 없다면, 그 대신 아이를 돌봐주거나 개를 산책시키거나 가사 일을 하는 등 다른 일을 해주자.

5. 책 디자인하기. POD 서비스는 대부분 PDF 파일로 작업을 하는데, 이 표준 문서 포맷은 어도비 아크로뱃 프로페셔널 소프트웨어에서 발행한다. 이 소프트웨어는 어도비 페이지 레이아웃 프로그램인 인디자인뿐 아니라, 마이크로소프트 워드와 쿽익스프레스, 여타 출판 프로그램과도 호환된다. 여러분이 소설을 제작하려면 소프트웨어 실력이 어느 정도 필요할 것이다. 전문 그래픽 디자이너가 제공하는 서비스는 큰 도움이 될 것이다. 디자이너를 구하려고 노력해보자. 구할 수 없다면, 우리가 나중에 제공하는 안내를 따르고, 디자인을 가능한 한 단순하게 유지하자.

6. 표지 디자인하기. 훌륭한 표지는 훌륭한 판매 수단이다. (많은 성공한 인디 발행인이 그래픽 디자이너와 결혼하게 된 것으로 드러났다. 용기가 있다면 이런 경로도 시도해 보라).

7. 교정 의뢰하기. 꼼꼼하게 읽어라. 수정하라. 반복하라. 교정 과정이 얼마나 중요한지는 아무리 강조해도 모자라다. 원고 단계에서 주의 깊게 책을 편집했어도, 책을 조판하고 나면 다른 오류를 새로 발견할 것이다. 진짜 ISBN을 달고 책을 온라인에서 공식적으로 발간하고 나면 여러분은 최종 생산물을 마음대로 바꿀 수 없으며, 무엇이든 바꾸려면 돈이 들 것이다.

8. 또 한 번 교정 의뢰하기. 지금은 서두를 때가 아니다. 주류 출판계에서는 책을 여러 차례 편집하는데, 여러분 책도 똑같이 보살핌과 관심을 받아 마땅하다. 제대로 됐다는 생각이 들 때까지 책을 반복해서 교정하자.

9. 책 출판하기. 준비를 마쳤다면, 정말로 마쳤다면, '확인' 버튼을 눌러서 책을 출판하자. 그러면 끝이다. 이제 진짜다.

10. 책 홍보하기. 웹사이트를 만들자. 파티를 열자. 서평용 책을 보내자. 지역 서점에 전화를 걸자. 술집, 도서관, 커뮤니티 센터, 주유소 등 청자를 찾을 수 있는 곳이라면 어디서나 낭독회를 주선하자. 여러분이 책에 관해 이야기하지 않는 한 아무도 그 책을 읽지 않을 것이다. 주류 출판사에서 생산하는 책조차 저자가 소문을 내기 위해 끝없이 쏟아내는 정성과 에너지에 의지한다. 여러분 책을 사랑하고, 죽게 두지 말아라.

collections and I'll be outside banging on the door yelling, Where is my edge? And they'll yell back, *Cutting Edge: My Autobiography*, Pakistani cricket hero, shelved under 920 for Autobiography." Audrey was gesturing wildly. *into the phone*

"Marge, I need to get stuffed and you need to help."

"Oh my god." Marge could barely get out a sound, she was *(period, not comma)* choking on her own laughter. "Did you just say, 'get stuffed?' Girl, you have nothing to worry about. Sorry about the New Jersey crack because the only B and T in your life is balls and tits. My dear friend, I am going to book you a date with Adam McIrvin, head neurosurgeon at the Clinic and golf buddy of Rick's. There will only be one squishy, beating organ on that date and it'll be the one…"

Audrey hung up the phone, took a shot, collapsed on the couch, and wondered what the hell Joe was thinking about right then. She didn't allow herself the indulgence, however, and instead tried to remember all the books she could with the word "edge" in the title. She was asleep before you could say *The Edge of Time: Black Holes, White Holes, and Worm Holes.*

Monday morning Audrey took an alternate route to work, one that wound her around the outside of the city rather than through the middle. The detour provided plenty of corn-gazing, and although the Rochester was protected on all sides by the carbohydrate, only this morning did its presence remind her of Miriam Greene.

One summer, Audrey and Lionel wound up sharing a weekend at their aunt and uncle's house in Sag Harbor with Miriam, Audrey's pre-clap-era gynecologist, known for delivering babies in designer heels. She was, needless to say, much more difficult to book an appointment with than Tracy Fein, the hairy-lipped woman who fielded the infections years later. Lionel had "forgotten" to warn Audrey that Miriam was to join them, per their aunt's instructions. Audrey knew that he hadn't forgotten but had simply blacked out that Miriam had been her gyno. He often claimed that, because he was "a fag," anything related to the female reproductive system induced temporary blindness.

K: add line break before "Victoria…"

The weekend had turned out to be completely uneventful despite the awkward pairing until, while shucking sweet summer corn, Miriam had found a slight deformity. Her ear of corn had a baby bud spurting out of the side of its cob, a little thing that looked like what you get in Chinese stir fry. Miriam had shown Audrey and Lionel and then pulled it off forcefully. Sauntering to the grill, she said triumphantly, "There. I aborted it!"

I don't think this bit moves the story forward. cut

Audrey walked into work, still laughing at the memory of Lionel's face while politely eating the post-abortion vegetable later that evening.

Monday morning

Victoria greeted Audrey with a quick squeeze when she walked into the office, snapping her out of the memory and establishing that the drinking done on Friday night had put the two into some kind of girl group. Audrey didn't mind, really, thinking that if she was now clearly not going to be fooling around with Joe she may as well add another friend to her pitifully small roster. Too bad, thought Audrey, that the one other checkmark on the friend tab didn't much like Victoria. It would be nice to feel part of a circle out here, a librarian fem clan letting their hair down on Thursday nights at Carlos. *Carlos's* A few years ago Audrey had been part of an arts librarian kickball league, and looking back now it seemed to be the cherry on the giant sundae of "belonging" she didn't even know she had been savoring for years.

"Sooo, what'd you do on Saturday? Anything as exciting as our girl's night out?" *girls'* Victoria was flipping through a plan for renovating the circulation desk to include self-checkout stations. "These things would make the place look like a freaking supermarket, but I bet more books will be checked out because people just want to experience the uncanniness. Especially teen fiction. What do you think?"

Audrey embraced the opportunity to forget that Victoria had asked her more than one question and replied, "Yeah, those checkout stations are the bootleg version of the shopping mall add-ons to the Minneapolis main branch that I just read about. I know libraries are

직접 해봐야 진가가 드러난다. 우리는 최종본을 출판하기 전에 교정을 5회 의뢰했다. 첫 번째 2회 동안에는 글에 집중했고, 마지막에는 표지에 집중하면서 컨셉을 연마하고 사진을 수정했다. 편집자와 디자이너, 저자는 매 단계에서 자기 몫을 수행했다. 사진은 댄 마이어스(Dan Meyers) 작.

전문

전문은 속표지나 저작권면, 목차를 비롯하여 책에서 실제 본문 앞에 나오는 부분들을 포함한다. 때로는 서문이나 감사 인사, 헌정사도 이 부분에 포함한다. 저녁 데이트에 꽃을 들고 가는 것처럼, 전문은 여러분 책을 소개하고 시각적 분위기를 조성한다. 또 책에 관해 꼭 필요한 출판 데이터를 포함한다 ('출판의기초' 부분 참고).

속표지에서는 책 제목 전체를 보여주고 작가 뿐 아니라 특별히 도움을 준 사람들을 나열한다. 또 출판사와 출판 도시도 나열한다.

판권면은 보통 속표지 뒷면에 나타난다. 여기서는 출판사 주소와 웹사이트, 저작권 일자, 무엇보다도 중요한 ISBN 같은 상세사항을 제공한다. 도서관에서는 출판예정도서목록 정보도 중요할 것이다. 우리 책은 저명한 사서인 셔먼 클라크가 작성해준 맞춤형목록 기록을 포함한다.

목차는 책의 메뉴다. 소설은 목차가 필요 없을 때도 있지만, 우리 책은 비판적인 평론을 담고 있으므로 목차가 꼭 필요하다.

Unique Enterprises-Submissions <uniqueenterprisessubmit@yahoo.com>   **Thu, Oct 26, 2006**
To: Julia Weist <juliaweist@gmail.com>   **at 1:37 AM**

Dear Julia,

Thank you for thinking of Moonlit Romance and allowing us to review the sample chapters of
Sexy Librarian. Unfortunately, this manuscript does not meet our needs at this time. We require that
the main protagonists maintain a monogamous relationship, and to preserve the 'fantasy' factor of the
romance novel, we currently do not publish novels which include STDs. We have found that
emphasizing safe sex in practice is more acceptable to our readership than mentioning diseases
which tend to turn off our readers. Again, thank you for considering Moonlit Romance, and we wish
you the best of luck in placing your manuscript elsewhere.

Yours,
Editorial Staff
Moonlit Romance and Moonlit Madness

시작은 거절 편지로. 『관능적인 사서』는 줄리아 와이스트가 초창기
에 상업 로맨스 출판사로부터 받았던 거절 편지로 시작한다. 편지
는 험난한 출판계의 흥미로운 일면을 살짝 보여준다. 다른 사람이
거절당하는 장면을 목격하는 일은 분명 자극적이다. 거절 편지 뒤
로는 전문이 일반적인 순서와 내용대로 이어진다. 속표지와 판권면,
목차 순으로 말이다.

페이지 레이아웃

일반적인 대량 판매용 보급판은 페이지마다 글을 가능한 한 많이 밀어 넣는다. 더 호화로운 판은 흰 여백을 더 많이 사용하기 때문에 쪽수가 더 늘어나고 인쇄와 종이, 제본에 들어가는 비용이 더 커진다. 디자이너인 크리스티안 비요나드는 『관능적인 사서』를 위해 몇 가지 레이아웃을 검토한 다음 딱 맞아 보이는 것을 골랐다.

단조로운 레이아웃

이 밋밋하고 평범한 디자인은 여백이 좁아서 공간을 절약하는 것을 특징으로 한다. 하지만 『관능적인 사서』는 상당히 짧은 소설이기 때문에 사실 우리는 쪽 수를 보강하고 싶었다. 레이아웃을 더 넉넉하게 디자인하면 결국 더 두툼한 책이 탄생할 것이었다. 판형을 대칭적으로 만들어서 왼쪽부터 오른쪽까지 여백이 서로를 비추게 하면, 글 덩어리가 반대 면에서 비쳐 보이는 일을 예방할 수 있다.

호화로운 레이아웃

이 판형에서 글 덩어리는 황금 분할(Golden Section)을 따른다. 이 비율은 1 : 1.618 또는 a : b = b (a + b)로 나타낸다. 건축가와 화가, 북 디자이너는 이 고전적인 비율 체계를 수백 년 동안 사용했다. 여기 보이는 레이아웃은 포도주 맛 감별이나 동전 수집에 관한 논문에는 잘 어울렸을지도 모르지만, 『관능적인 사서』에 사용하기에는 너무 가식적이고 거창해 보인다.

2 SEXY LIBRARIAN

to interact with men with whom she had no chance of sleeping. The significantly older gentlemen, celebrities, the live-in fiancés of other girls, the men who are not normally characterized as potential sexual partners, were for some reason under a different classification for Audrey. She was, after all, a librarian, and it was her job to categorize the true character of things by the most specific criteria. William, her ex and first college love, currently living with his girlfriend in Greenpoint, was not filed under "unavailable," but rather "usually occupied."

One can imagine, therefore, that when Audrey transmitted to Will the aforementioned power couple of vaginal dysfunction, things got a little complicated. When the girlfriend acquired the surprises and yet nonetheless continued her romantic and domestic partnership with Will, things got a little confusing. When Will explained to Audrey in their final conversation that neither he nor said girlfriend could afford a New York one-bedroom that wasn't shared by two people and decided it would be easier to forgive and forget than endure such a drastic change in lifestyle, Audrey knew she had to take a vacation.

The second incident was, quite simply, a "not-boyfriend" becoming a "live-in boyfriend" following the loss of his irregular installation job at PS1. After "just crashing" for three weeks, Jacob, a one-time football star turned abstract painter, discovered that selling coke was an easier way to make money than part-time museum work, and left way more time for his canvases. As the paintings were stacking up and Audrey's socks were disappearing, she knew it was time to move. Out of the city, away from the bad choices and lost nights, to a place where after working hundred-hour weeks between the library and her studio, she could be bone tired somewhere that was not always too noisy to sleep deeply.

That place, as it turned out, was Rochester, Minnesota. Thanks to the Mayo Clinic, the nation's best and largest hospital, this was where patients went hoping for some miracle to keep them from dying. To Audrey, the position of head librarian for the Arts Collection opening that May was just what the doctor ordered.

1 Hypatia Sans

body copy, Electra

Audrey was tall, lithe, and super sexy. She was sitting at her new desk, getting to know the holdings of the Rochester Public Library's collection, a task she regarded as one of the most insignificant undertakings of her last ten years. Quickly and silently admonishing herself for being so geocentric—defining irrelevant as land-locked—Audrey tried to remind herself that this was a time for emotional growth. She pressed a finger to her thick, black, Prada glasses, rubbed her legs together lazily, and wrote on a stray card catalog card: "Be less pretentious." It was the first, and only, personal touch she had made to her work space. The adjacent desk boasted a photo of a Jell-O mold used to form the words "Number One Grandma," and Audrey hastily discarded the note, lest she appear insincere.

The last week had been hazy and automatic, as she set about to close up her life in New York like a widow in an interstitial phase of grief: numb and productive. She was worried only about leaving behind her books, now under the charge of a subletter, and about people talking to her out here like she was some kind of alien. The woman at the Java Hut this morning glanced at Audrey's designer T-shirt,

관능적인 레이아웃

『관능적인 사서』에 최종적으로 사용한 페이지 레이아웃은 넉넉하지만 지나치게 넉넉하지는 않은 여백을 특징으로 한다. 제목을 가운데 정렬하여 고전적인 느낌을 냈지만, 전반적인 디자인이 도를 넘을 정도로 우아하지는 않다. 책은 친근하고, 읽기 쉬우며, 다가가기 좋다. 여러분이 술집에서 말을 걸었을 여자처럼 말이다.

타이포그래피

문학 작품에는 보통 가라몬드체와 캐슬론체, 사본(Sabon)체처럼 전통적인 세리프체를 쓴다 ('디자인의 기초' 참고). 우리가 『관능적인 사서』 본문에 사용한 서체는 깔끔하면서도 고전적인데, 엘렉트라(Electra)체 라고 하며 1935년에 W. A. 드위긴스(W. A. Dwiggins)가 디자인했다. 머리 제목과 장 번호를 비롯하여 다른 뒷받침 요소에는 2007년에 토마스 피니(Thomas Phinney)가 디자인한 히파티아(Hypatia)체를 썼다. 이 산뜻하고 현대적인 산세리프체는 전통적인 서체가 지닌 손글씨 같은 특징을 조금 담고 있다. 히파티아체는 엘렉트라체를 훌륭하게 보완한다.

디자이너들은 종종 표지용으로는 완전히 다른 글꼴을 선택하는데, 선택한 이미지에 어울릴 뿐 아니라 구매자에게 강렬한 인상을 남길만한 특징이 필요할 수도 있기 때문이다.

표지 디자인

잠재 독자는 맨 먼저 표지를 볼 것이다. 이 필수적인 마케팅 도구는 서점 선반이나 온라인 판매 사이트에서 크고 분명하게 외치면서 이목을 사로잡고 아이디어를 직접적이고 강력하게 전달해야 한다. 표지는 여러분 책을 나타내는 로고나 다름없어질 것인데, 실제 소설 맨 앞에서 완전한 크기로 나타날 뿐 아니라 서평이나 언론 발표에서 작은 크기로 등장할 것이다. 좋은 책 표지는 책을 파는 데 도움이 되고 책을 기억에 남게 만든다. 독자들이 책을 집어서 내용을 살펴보게 유혹한다.

『관능적인 사서』에 사용할 표지를 만들기 위해, 디자이너인 크리스티안 비요나르드는 디자인 방향을 6가지로 잡아서 저자와 공유했다. (저자가 누구나 알 만큼 유명하지 않은 한, 상업 출판사에서는 저자가 표지 디자인에 대해 의견을 제시하는 것을 좀처럼 허락하지 않을 것이다). 이 소설에는 그림이 들어간 해법이 어울리는 듯 보였고, 수많은 디자인 콘셉트의 견본을 빨리 제작하기 위해, 크리스티안은 인터넷에서 이미지를 찾고 직접 사진을 많이 찍었는데, 나중에 고해상도 이미지를 만들거나 관련 저작권을 획득해야 할 수도 있다는 점도 염두에 뒀다. 크리스티안이 초기에 내놓았던 디자인은 대부분 사서에 관한 틀에 박힌 이미지를 사용하거나 서가에서 사랑을 나누는 듯한 암시를 줌으로써 책에서 나타나는 관능적이고, 조롱하는 듯한 태도를 전달한다.

저자는 귀여운 사서가 아니라 입술 자국으로 장식한 구식 목록 카드를 특징으로 하는 디자인에 가장 흥미로워했다. 저자는 이렇게 제안했다.

"사서가 아니라 책에 매력을 느끼는 거예요. 책을 관능적인 대상으로 만들어 주세요."

다음 도안들에서 크리스티안은 아무것도 쓰여있지 않은 책에 관능적인 여성 속옷을 여러 가지 입혔고, 제목을 사진과 조화시키기 위해 다양한 방법을 시도했다. 최종 표지는 놀랄 만큼 단순하다. 기본적인 책이 망사 스타킹을 신고 있으며 그 사진 위로 크고 두꺼운 글자가 있다. 표지는 저자와 디자이너가 성공적으로 대화를 나눈 결과물이다. 이런 일은 주류 출판계에서는 거의 일어나지 않는다.

서체와 이미지

책 제목은 거대할 필요는 없지만, 눈에는 띄어야 한다. 제목을 배경 사진에 조화시키는 일은 까다로울 수 있다. 사진에 색채와 대조가 매우 다양하면, 글자 모양은 이미지 요소에 밀려서 안 보이기 시작할 것이다. 이 디자인에서는 글자 주위에 가느다란 흰색 윤곽선이 있어서 글자를 사진과 분리하는 데 도움이 된다. 다음에 서점에 갈 때는 디자이너가 이 문제를 다루는 다양한 방식을 살펴보자. 가장 쉬운 해법은 단순한 부분이 크고 색조가 거의 한결같은 사진으로 시작하는 것이다. 여기서 사용한 사진은 특히 작업하기 어려웠다. 사진은 폴 브래드버리(Paul Bradbury) 작.

발전 과정

종종 첫 번째 아이디어는 새로운 방향으로 불을 붙일 것이다. 『관능적인 사서(Sexy Librarian)』용으로 제안했던 초기 표지 중 하나에서는 옛날 목록 카드에 입술 자국이 찍힌 모습을 선보인다. 이 표지를 본 뒤, 저자는 디자인이 갈 방향에 관해 새 아이디어를 얻었다. 그리고 디자이너인 크리스티안 비요나드한테 '관능적인 책'을 가지고 실험하길 권했다. 실제 사서를 사진으로 넣는 대신 말이다. 표지는 다양한 주문 제작 단계를 거치며 발전하다가 마지막 상태에 도달했다. 밋밋한 흰색 책을 망사 스타킹으로 감싼 상태에 말이다.

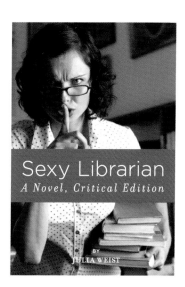

쓰레기 더미

저자와 디자이너, 발행인 사이에 의견과 바람이 일치하지 않는 바람에 디자인을 상당히 많이 중도에 폐기했다. 저자는 표지에 사서가 보이는 것을 원하지 않았다.

그리고 최종 결정된 것은…

『관능적인 사서』의 최종 표지 디자인은 위에 보이는 것으로, 강렬하고 노골적이며 주의를 빼앗는 요소는 없다. 이 시점에 도달하기까지는 사진을 여러 번 찍고 디자인을 연구해야 했다. 디자인 및 사진은 크리스티안 비요나드 작.

홍보와 마케팅

이제 책을 출판했으니, 싸움터에 내놓을 때다. 웹사이트는 가장 귀중한 도구가 될 것이다. 발췌문과 저자 사진, 표지에 쉽게 접근하길 원하는 언론인과 블로거는 물론이고 잠재 독자에게까지 웹사이트를 이용해서 다가가자. 『관능적인 사서』의 웹사이트는 뉴스 블로그 같은 특징이 있는데, 특별 행사나 홍보기사를 기록하기 위해서다. 보도 자료를 작성해서 서평용 책과 함께 발송하거나 온라인에 배포하고, 엽서와 책갈피, 티셔츠, 머그잔같이 파티와 특별 행사에서 나눠줄 만한 재미있는 판촉물을 찾아보자.

여러분 책은 그 자체가 목적이 아니다. 책은 여러분과 여러분 조직에 관한 것이기 때문이다. 자가 출판한 책은 판매 부수가 높지 않더라도, 여러분이 예술가나 작가, 전문 해설가로서 하는 작업에 관심을 불러올 수 있다. 광고는 잊자. 비쌀뿐더러 언론의 주목을 받거나 입소문을 타는 것보다 훨씬 덜 효과적이다. 직접 조사해서 가능성 있는 편집자에게 짧고 재기 넘치는 이메일과 여러분 웹사이트로 가는 링크를 보내자. 상대방이 흥미를 보인다면 책을 보내자.

관능적인 브랜드

『관능적인 사서』의 웹사이트는 오픈 소스 사용자 지정 블로그 소프트웨어인 텍스트패턴(Textpattern)을 이용해서 만들었다. 기술이 별로 없다면, 블로거(Blogger)나 마이스페이스(MySpace), 페이스북(Facebook)을 이용해서 책을 홍보하자. 책 표지의 시각적 요소를 사용해서 여러분 프로젝트의 이미지를 강화하자. 『관능적인 사서』가 지닌 브랜드 이미지는 책 뒤표지에서 나온 것이다.

ELLEN LUPTON / SLUSH EDITIONS

FOR IMMEDIATE RELEASE
January 15, 2008

CONTACT
www.sexylibrariannovel.com

JULIA WEIST'S FIRST NOVEL IS A ROMANCE, A SCULPTURE, AND AN EXPERIMENT IN INDEPENDENT PUBLISHING

DESIGN: KRISTIAN BJØRNARD

Julia Weist's novel *Sexy Librarian* is a romance about a young, hyper-sophisticated librarian who leaves New York City for a job at a small-town public library. *Sexy Librarian* began as an installation at Cooper Union School of Art in New York City. While studying the deaccession policies of public libraries (and working herself in a small-town library), Weist learned that romance novels have the shortest shelf life of any category of popular fiction. After reading dozens of discarded romances, Weist decided to write her own love story. Following industry guidelines, she wrote sample chapters and sent her proposal to half a dozen major romance publishers, all of whom rejected it. She exhibited the rejection letters as a work of art.

Those letters inspired writer and curator Ellen Lupton, an advocate of DIY design and independent media, to publish *Sexy Librarian*. "Why are books rejected?" asks Lupton. "The modern publishing industry is a system of gateways that limit the entrance of newcomers. Today, that is changing as creative producers in every field are by-passing the gatekeepers and producing their own work." *Sexy Librarian* is published using print-on-demand technology (POD), which allows a book to be digitally printed one by one upon the point of purchase, sidestepping the old laws of mass production. The book is sold online for $15 a copy, http://www.SexyLibrarianNovel.com.

Published as a critical edition, *Sexy Librarian* includes an essay by renowned librarian Jennifer Tobias, a witty account of the librarian's changing image as a figure of erotic repression and possibility. "Nineteenth-century librarians were wrong to think that sexuality could be removed from the workplace," writes Tobias, "but they were right to believe that it shouldn't matter." The book also includes Weist's account of her broader artist

— MORE —

관능적인 보도 자료. 여러분 책에 관해 이야기하는 보도 자료를 만들자. 로맨스 소설은 매년 수천 편씩 출판되지만, 『관능적인 사서』는 단순한 로맨스 소설이 아니다.

예술가와 사서, 디자이너, 발행인이 되려는 사람 같이 특정한 관객에게 말을 거는 실험적인 프로젝트다. 이 매력적인 점을 이용해서 우리는 레디 메이드 매거진(Ready Made magazine)과 뉴욕 썬(New York Sun) 같은 발간물에 게재될 수 있었다.

마케팅 비법들

단순히 책에 관한 것이 아니다.
성공한 많은 작가는 실제로 책을 파는 것보다는 책과 관련한 부가적인 기회에서 더 많은 것을 얻는다. 책을 이용해서 매스컴의 관심을 끌고, 콘서트를 열고, 강연 약속을 잡고, 상담 일을 얻고, 라디오에 출연하는 등의 일을 해보자.

성공이라는 개념을 넓히자.
책 판매량을 성공의 척도로 삼지 말자. 대신 책을 통해 얼마나 주목받았는지나 새로운 기회를 몇 번이나 얻었는지 측정하자. 개인적인 만족도 포함하자!

사람을 끌어당기는 요소를 만들자.
저자들은 잠재적인 언론 회견장을 향해 '책 자체'를 홍보하는 경향이 있다. 저자나 주제, 특별한 독자를 둘러싼 '이야기'를 홍보해야 할 때조차 말이다.

나에게 맞는 시장에 집중하자.
책은 대부분 그래픽 디자이너, 게이 간호사, 타투 아티스트, 채식주의자로 다시 태어난 사람들 등 특정 틈새에서 매력을 발산할 것이다. 지나치게 넓게 손을 뻗는 바람에 메시지가 희석될 때보다 내가 속한 공동체에 말을 건넬 때 얻을 것이 더 많다.

열기를 식히지 말자.
한두 달이 지나면 저자는 피곤해지기 마련이다. 그래도 계속 활동하자.

그 외 독립 소설

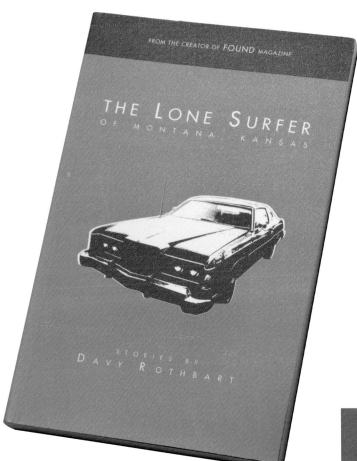

독립 도서에서 대량 판매 시장으로
많은 독립 저자들은 주류 출판사에서 자기들이 소량 출간한 소설을 간택해주길 꿈꾼다. 데이비 로스바트(Davy Rothbart)는 친구인 폴 혼슈마이어(Paul Horn-schemeier)가 디자인해준, 섬뜩하게 솔직한 단편집을 3,000부 자가 출판했다. 데이비는 자기가 낸 독립 동인지 파운드(Found)의 낭독회를 전국으로 돌면서 책을 비공식적으로 팔았다. 어디를 가든 지

역 서점에 들러서 자기 책을 취급하길 권했다. 『고독한 서퍼(The Lone Surfer)』는 곧 사이먼 앤 슈스터(Simon & Schus-ter)의 편집자에게 포착됐다. 상업 판에 사용한 새 표지(오른쪽)는 원래 독립 판이 보여졌던 모습(위)에 활력을 불어넣는다. 사진은 댄 마이어스 작.

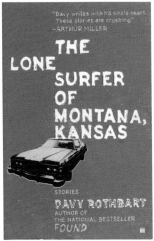

작게 생각하기

여기 보이는 출판 형태는 철저하게 DIY 접근법을 택했다. 간단한 동인지처럼 복사해서 스테이플러로 묶은 이런 책들은 소규모로 제작하고 동인 행사와 온라인, 전문 서점에서 지엽적으로 판매한다. 『죽음의 신 엥겔(Angell of Death)』(왼쪽)은 표지를 스크린 인쇄했고 내지는 복사했다. 출간은 프롬더팩토리 프레스(FROMTHE-FACTORY Press), 소설은 찰리 엥겔(Charlie Angell), 삽화는 나단 대니로비츠(Nathan Danilowicz) 작. 아래로는 인지(Inch)라는 간행물 두 개 호에 실린 표지와 스프레드가 보이는데, 크기가 4.25 x 5.5 인치다. 출간은 불 시티 프레스(Bull City Press), 초 단편 소설은 마이클 맥피(Michael McFee), 사진은 댄 마이어 작.

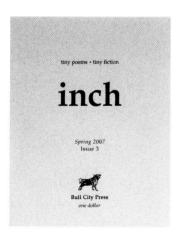

tiny poems · tiny fiction

inch

Spring 2007
Issue 3

Bull City Press
one dollar

Two Stories by Michael McFee

THE GREEN BLOUSE

At lunch, after pinot grigios, the woman drops olive oil onto her new linen blouse, a dark nipple-spot she dabs at with a damp napkin. But the stain stays when the fabric dries.

So once they get back to his place, he says *Let me wash your blouse,* hoping she'll just take it off and hand it to him, and then the rest of her clothes will follow; but instead she changes in his bedroom and hands it out the door and borrows a big t-shirt while he starts the machine.

After black coffees, he hangs it on the line: while the sun does its job, they talk for hours about her dead pets and kin and long-range plans. She sits on the counter, on the couch, in his leather desk chair; subtly he tries to touch her, but she always remains barely out of reach, a clever magnet repelled just so.

When they go outside and unpin the blouse, the stain is gone, though now the green is wrinkled as lettuce. So he says *Let me iron this for you,* and does, in the dusky kitchen, while she tells him cheerfully sad stories about her most recent lovers. Linen takes the hottest setting.

Changed again, she waves goodbye. He watches her go, knowing this is the closest he'll ever get to the smooth dream of her skin: the green blouse itself, still unwrinkled, still damply warm, half-hugging her body on its way to somebody else.

BABY, IT'S COLD OUTSIDE

"How 'bout some X-mas cheer?" he asked, heaving heavy cardboard boxes onto the counter. I hadn't seen him since his wife drove off months ago: he was all stubble and holey sweater and cuff-frayed cords.

"Vintage stuff," he said, patting the albums, and I knew without looking what they were: hundreds of holiday records he'd bought (many from me) for the sake of a single kitschy track, "Merry Twist-mas" or "Santa Claus Got Stuck in My Chimney" or "Shouldn't Have Given Him a Gun for Christmas," songs he'd copy onto his annual seasonal mix tapes. At first they were fun, clever and quirky like him, welcome antidotes to schmaltz, but they grew so weird and dark that people listened to them uneasily, if at all.

I flipped past "Disco Yule," "The Chipmunks' Noel," "A Pat Boone Christmas," and all the other dank LPs, once brand-new inside cellophane and jackets and sleeves, ready to set a festive mood. Then I said what he must have known I'd say: "Sorry, man, I can't use any of these." Who'd buy them but him anyhow?

"Well then," he said, "got a dumpster?" And so we walked out back, and stacked up the boxes from the counter and his trunk, and started tossing all that pressed and packaged merriment into the mostly-empty bin, caroling as vinyl cracked against metal, cheering if covers slipped off and flew into the parking lot, a couple of anti-Santas lightening their load on a bitter February afternoon.

...wn with breath, too ...
...d so I plod, plod, plod

...e still left (or else bereft)
...always leaning toward / d...
...the right one. Can't you...

시

– 제레미 보츠(Jeremy Botts)

반스앤노블이나 다른 대형 서점에 있는 시 코너의 선반을 향해서는 대개 죽은 저자나 주요 문학상 수상자가 쓴 책이 독자와의 여행을 떠나지만, 시는 살아있는 표현 수단이며 수없이 많은 소형 출판사와 독립 제작자는 갖은 노력 끝에 시 인쇄할 방법을 찾는다.

소책자는 인쇄소만큼이나 오래 존재했다. 소책자는 싸게 제본하고 거칠게 인쇄한 팸플릿에서 유래했는데, 처음에는 도붓장수라고 할 수 있는 '행상인'이 팸플릿 가지고 마을마다 돌아다녔다. 약 10쪽짜리 이 초기 팸플릿은 비공식적인 지하세계 출판물로 외설적인 이야기와 단순한 시가 가득했다. 19세기에 고급 출판 운동이 일어나면서 소책자라는 발상이 되살아났으며, 보통 접장을 한두 번 꿰매서 작고 수집할 만한 판을 팸플릿 형태로 출판하는 방식으로 여기게 됐다.

오늘날 소책자와 한 장짜리 브로드사이드는 독립 출판 운동에서 꼭 필요한 부분이다. 현대 소책자는 시를 수록한 제본판이며 일반적으로 40편 이하를 담아서 소량 인쇄한 뒤 제한적으로 배포한다. 많은 문학 잡지와 시 협회가 후원하는 여러 소책자 경연에서는 시인의 작품을 출판해준다. 여러분은 소책자를 직접 만들어 배포할 수도 있다.

활판 인쇄한 브로드사이드
브로드사이드란 한 장짜리 발행물로 접을 수도 있으며, 공공장소에 전시하기 위해 만들었던 것이다. 오늘날 시인과 예술가, 디자이너는 제본하지 않은 출간물을 표현하는 친숙하고 우아한 형태를 가진 브로드사이드를 가끔 사용한다. 소책자처럼 브로드사이드 역시 상업적 판형이지만 예술적 표현 수단으로도 진화했다. 『판결을 간청하다(Entreaty to Decision)』, 샤론 돌린(Sharon Dolin) 작. 델피 바실리카토(Delphi Basilicato)가 북아트 센터(Center for Book Arts)를 위해 인쇄함.

THERE IS A PLACE

There is a place on the floor
of the living room where we live
– where my mother's parents have lived
and grown old – not far from the worn tracks
of the study chair – the chair where the word
has been pondered and revelation given
anew for sixty-four years and carried
carefully along on Sunday mornings.
Not far from the hearth where the old
cookstove sat on iron legs and
a great grandmother set whey to warm
and become schmearkase and be slathered
thickly with apple butter on heavy bread,
and where a young boy who thought he was
bathed too much by aunt Zula
backed up against the great cast belly
and got his cheeks double kissed.
This place is a certain distance from
the piano, played once by a black man
who came in '46 with a traveling evangelist
and stayed for the week of tent revival,
and where now tanned pages of Chopin
carefully owned and signed by Barton
Bradley Botts rest, their phrases
first breathed eighty-one years ago.
From the corner, my father still speaks:
'He made him, who knew not
to be for even this one.'

AN ORDINARY LONENESS

I am inside the barn hiding
from the sun standing in summer
darkness, freshly cut clover
needles piercing my bare feet.

From this loft I have climbed
I watch as a firefly awakens
stumbling from her dream
wings too dulled with sleep.

Confused, glowing fool, fluttering
for another in this night....
When your rays finally break
through the sideboards illuminating

the thickening sweetness of barn,
the black dog outside whines and paws.
I think I am going to climb back down
and open my eyes and shine.

21

소책자는 다양한 방법으로 제작할 수 있다. 정교하게 공들여 만드는 대상이 될 수도 있고, 고급 종이에 활판으로 인쇄할 수도 있으며, 복사기로 복사해서 철심으로 묶을 수도 있다. 브로드사이드라고 부르는 평평한 종이는 선택할 수 있는 또 다른 판형이다. 시 협회와 문학 잡지는 활판인쇄뿐 아니라 오프셋 인쇄로 소책자를 제작하여 발행한다. 어떤 책은 호화롭게 제작하고, 다른 책은 간단하고 실용적으로 제작한다. 시인은 자기 작품이나 다른 예술가 작품을 특징으로 하는 삽화를 소책자에 담는다. 소책자는 시인과 삽화가와 전문 인쇄업자나 디자이너가 협업한 결과물이 될 수 있다.

여기 보이는 소책자는 제목이 『이런 배치(This Placement)』인데, 탁상용 프린터와 전통적인 책 제작 기술을 조합하여 손으로 만들었다. (이 책에서 '나만의 책 만들기' 장을 참고하면 여기에 대한 것과 다른 제본 방법에 관해 더 알 수 있다). 『이런 배치』는 150부를 출판했다. 이 소책자는 비공식적으로 친구에게 배포했고, 사람들이 발견하고 즐길 수 있도록 지역 카페와 커피숍에 두었다.

이런 배치

손으로 실 제본한 이 소책자는 제레미 보츠와 브라이스 앨런 플러리(Alan Flurie)가 공동 집필했다. 디자인은 제레미 보츠 작.

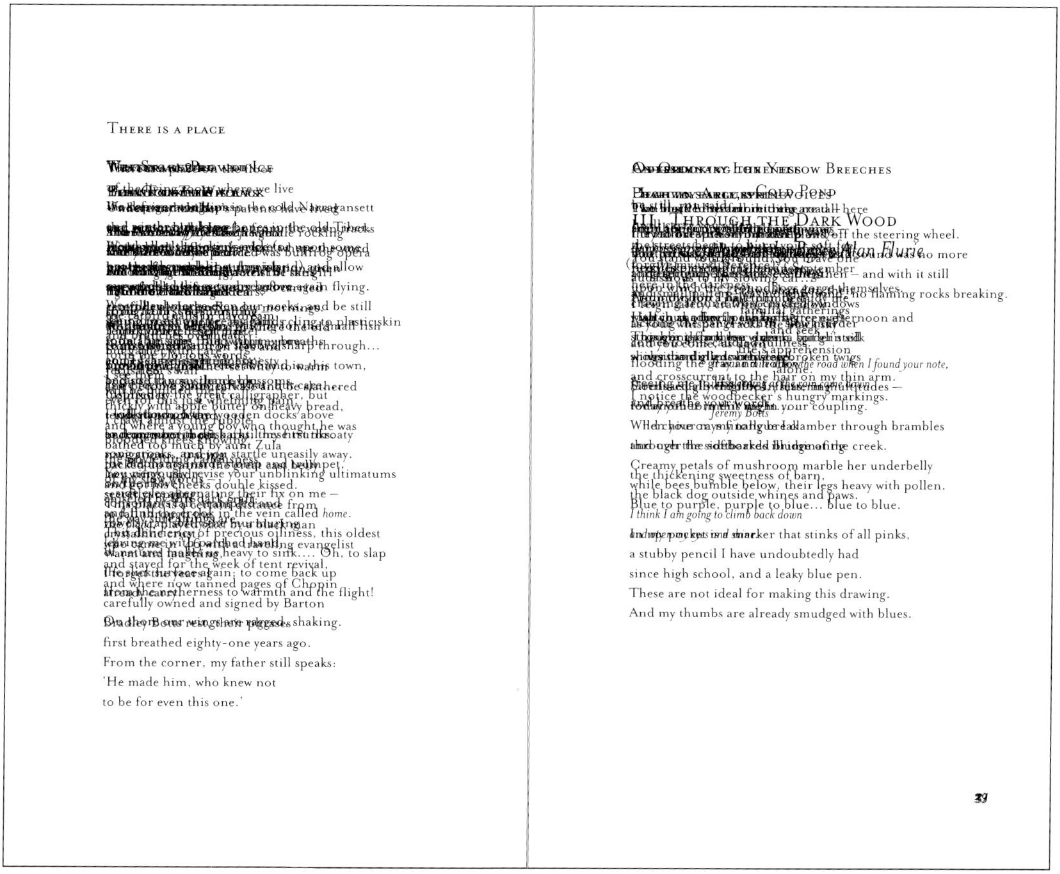

THERE IS A PLACE

(overlapping text — largely illegible)

first breathed eighty-one years ago.
From the corner, my father still speaks:
'He made him, who knew not
to be for even this one.'

... NARROW BREECHES

III. THROUGH THE DARK WOOD

(overlapping text — largely illegible)

... off the steering wheel.
... no more
... and with it still
... flaming rocks breaking.

... afternoon and

... the road when I found your note,
and crosscurrent to the heat on my thin arm.
... latitudes —
I notice the woodpecker's hungry markings.
... your coupling.
Jeremy Botts

Where ... clamber through brambles
... bridge of the creek.

Creamy petals of mushroom marble her underbelly
the thickening sweetness of barn,
while bees bumble below, their legs heavy with pollen.
the black dog outside whines and paws.
Blue to purple, purple to blue... blue to blue.
I think I am going to climb back down

... marker that stinks of all pinks,
a stubby pencil I have undoubtedly had
since high school, and a leaky blue pen.
These are not ideal for making this drawing.
And my thumbs are already smudged with blues.

타이포그래피

지면 위에 시를 편안하고 권위 있게 배치하려면 조판에 세심하게 주의를 기울여야 한다. 보통 행을 어떻게 나누는지가 시를 읽는 데 중요하므로, 가장 긴 행과 가장 긴 시를 편안하게 수용해줄 글자체와 크기를 선택하자. 서체는 저마다 뚜렷한 성격이 있다. 전통적인 도서용 서체를 이용하면 시에 담긴 표현과 내용을 가장 분명하게 말할 수 있을지도 모른다. 시는 지면에 배치한 위치에 따라 특정한 느낌을 낼 수도 있다. 『이런 배치(This Placement)』에 등장하는 각 시는 시각적으로 지면 중심을 차지한다. 위 다이어그램은 책 전체에 걸쳐 등장하는 시를 누적한 무게를 보여준다. 책은 전문 페이지 레이아웃 프로그램인 인디자인으로 디자인했다. 이 작품은 레이저 프린터를 이용해 중성지에 인쇄했다. 책을 제본한 다음에는 8.5 x 11인치보다 살짝 좁게 페이지들을 잘라내서 책에 덜 평범하고 실용적인 느낌을 줬다.

THISPLACEMENT
new work by Jeremy Botts & Bryce Alan Flurie

FIAMMANCURA PRESS   Lewisberry   2000

CONTENTS

STANDING AS SHAG HICKORY

Disheveled as
the flaking bark,
chapped by a raging wind,
Sto
living with this ancient soil,
in this elderly are, grown
with thick anfractures.

*Glen illuminance echoes, crackled
like the beckoning temple bell...*

The trees have no concern
for our arts, or our deep-
imagined kinship with them.
Nor fields and grains our names,
our callings ... But we wake
at these dark joys, to our oblivious
impermanence.

Jeremy Botts and Bryce Alan Flurie

1. THE BEGINNING AND AN ENDING
by Bryce Alan Flurie

" *Our very existence is subsistence in God alone.* "

John Calvin

THE BEGINNING

Day One   Nothing.
Less than empty,
what we know as
earth with out
substance. Then a
command. The first sentence
uttered created the
first separation.
Day – light
Dark – night
Evolving into
dawn, twilight,
dusk as the
ephemeral essence advances
across the
earth's plane.

Day Two   Space.
What miraculous paradox, to
create the boundless
expanse of sky.
The divine architect
forming necessary emptiness
from nothing.
Could this also be an introduction
of gravity? A region of
nullity, separating
the waters and keeping
them in place.

5

THE WOODS ARE EMPTY

The woods are empty today
even though I walk within.
A presence is starkly lacking
through it beckons
through the fields
not fallow yet barren.

Shag hickory lacks its rustic
charm. The stream trickles in
silence, and mud is thicker,
and the sun is hotter,
the breeze harder
now in this hollow farm.

Grasses cut, fields planted
yet the trees desire more
even though I'm walking, weeping in
clothes come through more than
one hundred times before.

MY WISE SISTERS AND BROTHER

My wise sisters and brother
you know
more than I.
A broken, faceless
angel guards you.
You know our parents
intimately in ways
beyond my ability
to perceive.
You've watched as
decades pass,
kingdoms fell,
and as new members
added to the family
grow to adulthood.
And above all this,
you know our
father better than
even our mother.

Oh, collected siblings with less
than a day of life
between you,
you know the awareness
life cannot bring and
you know death's inherent
knowledge, the
awareness found
beyond existence.

With aching ears from
the prattling of God's silence,
I sit, pushing back the
shadows, realizing you
know more than I.

9

순서 보기

축소판을 이용하면 속표지부터 맺음말까
지 책 전체를 순서대로 볼 수 있다. 시작과
끝이 확실한지 확인하자.

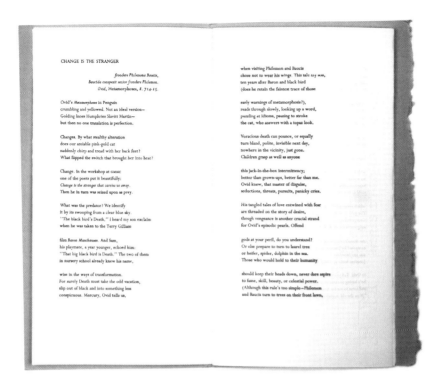

시, 멋진 인쇄술을 만나다.

뉴욕시에 있는 북아트 센터(CBA)는 비영리 예술 기관으로 책 제작 전통을 보존하고 책을 예술 대상으로 바라보는 새로운 접근법을 탐구한다. CBA는 매년 소책자 경연을 열어서 시인을 디자이너 및 인쇄기술자와 짝지어 준다. 위와 오른쪽에 보이는 『시 두 편(Two Poems)』은 활판 인쇄하여 팸플릿처럼 실제본한 소책자로 레이첼 하다스(Rachel Hadas) 작품이다. 디자인 및 인쇄는 배리 매지드(Barry Magid) 작.

『시나몬 베이 소네트(Cinnamon Bay Sonnets)』는 활판 인쇄하여 선장 제본한 소책자로 앤드루 카프만(Andrew Kaufman)가 집필했다. 디자인은 딤 그래이 바 프레스(Dim Gray Bar Press)의 배리 매지드가, 출판은 CBA 인턴들이 러셀 마레(Russell Maret)의 감독하에 진행했다.

ENGLISH/FRENCH MINI-DICTIONARYSCAPE

Even this double-page spread is a week's walk, I'm ENRAGER to be climbing over these too tiny words, soon I will be ENRHUMER, this print is so chilly, perhaps I will be ENTERRER in here f'ever, or maybe I'll be found in decades by my grandchildren as they search for a word for a loving loveletter to their lovers in Lille. I'm here, by the ENTOURLOUPETTES. Close the book and I'm crushed by rage, by the common cold, by burial, by dirty tricks. I'm a pressed fleur.

OVERHEARD PHONE CONVERSATION

Hello?
I'm just ringing about the new name for cheese.
The name for the new cheese.
I thought Battleship. Do I win?
The prize, do I win it?
Battleship Cheese.
It sings, doesn't it?
Yes, it's my idea.

Hello? Sorry, went through a tunnel.
Yes, Battleship Cheese. Do I win?
I think of words all the time and Battleship just popped in.
Just sailed in, if you get me. Ha ha.
I just thought Battleship Cheese.

Hello? Do I win?
Oh, well, when will I know?
Oh. Well, when I win could you make sure the prize comes all at once?
Yes, all the deckchairs at once. For private reasons.
I'm on a train, so I can't tell you why I want all the deckchairs at once if I win.
I mean when I win.
Battleship Cheese.
It's a winner, isn't it?

시, 그래픽 디자인을 만나다.
영국에 기반을 둔 디자인 공동체 퓨엘(Fuel)은 서비스 기반 디자인 에이전시일 뿐 아니라 독립 출판사가 됐다. 여기 보이는 전위적인 책은 시인인 이안 맥밀란(Ian McMillan)이 삽화가인 앤디 마틴(Andy Martin)과 짝을 이뤄서 만든 기상천외한 시집이다. 예술과 언어가 신선하고 유쾌하게 충돌한 결과다. 디자인은 퓨엘 작.

독립 출판사

「출현자들(The Apparitioners)」은 조지 위테(George Witte)가 쓴 시집으로 워싱 턴주 시애틀에 기반을 둔 독립 출판사, 쓰리 레일 프레스(Three Rail Press)에서 출 판했다. 하드커버를 씌운 이 책의 디자인은 전통적인 북 디자인 규범을 따르면서도 현 대적인 강렬함을 은근하게 반영한다. 시 제 목과 쪽 번호에 사용한 기하학적인 서체에 주목하자. 덧표지 및 책 디자인은 퀘마두라 (Quemadura) 작.

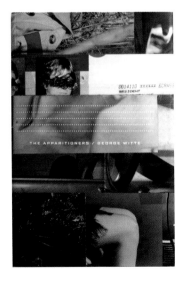

"ich bin wegen der Veranstaltung hier" sagte der Mann
und suchte unter Franks Hemd nach der Eingangs-Tür

"ich bin kein Theater" sagte Frank

es kamen noch viele mehr
sie alle standen an

muss er sie alle einlassen?

viele unter ihren Schirmen

und eine Blinde
wartete
mit Hund

"es wird sagenhaft" sagte wer
"aber wann lässt er uns ein?"

Franks Tränen flossen
weil jemand riss seine Türen auf
und sie füllten ihn
eine Stunde lang

"I'm here for the show" the man said
looking under Frank's shirt for the door

"I'm no theater" Frank said

a line formed

must he admit them all?

many had umbrellas

a blind woman
waited with
her dog

"it's gonna be a great show" someone said
"but when's he gonna let us in?"

Frank's tears began to fall

someone ripped his doors open

they filled him for an hour

엄격한 DIY

시인인 캐리 헌터는(Carrie Hunter)는 이
폴리타 프레스(Ypolita Press)를 설립했
다. 헌터가 발행한 출판물 중에는 C. A.
콘라드(CA Conrad)가 쓴 「솔직한 시들
(The Frank Poems)」이 있다 (영어판
과 독일어 번역본을 출간했다). 탁상용 프
린터로 인쇄하여 중철 제본한 이 소책자는
DIY식으로 접근하여 출간했다. 책은 헌
터가 운영하는 블로그, ypolitapress.
blogspot.com와 선별된 서점에서 구
매할 수 있다. 표지 그림은 캐틀린 밀러
(Cathleen Miller) 작.

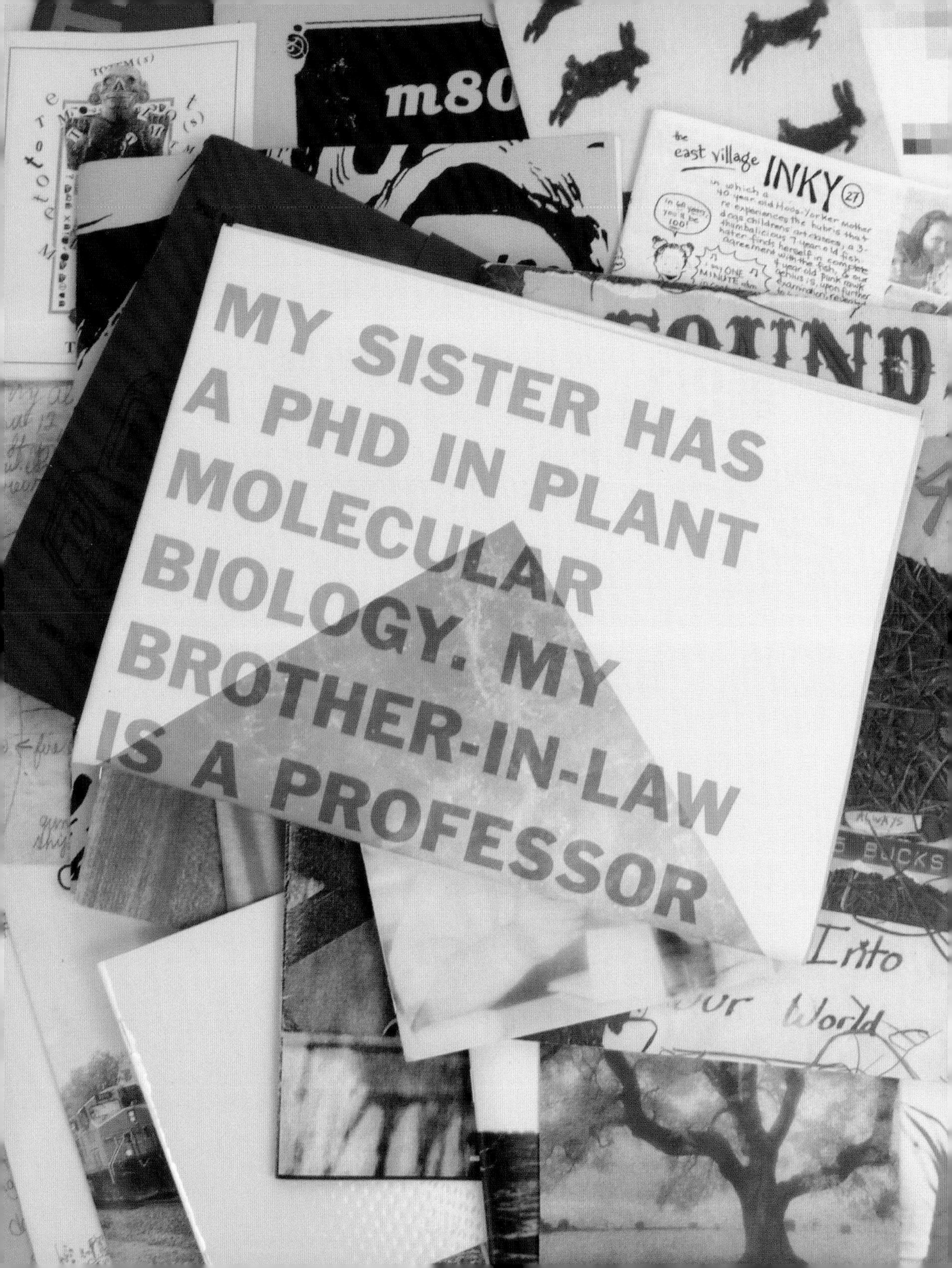

MY SISTER HAS
A PHD IN PLANT
MOLECULAR
BIOLOGY. MY
BROTHER-IN-LAW
IS A PROFESSOR

m80

the east village INKY 27

in which a
40 year old Hoda-Yorker mother
re experiences the hubris that
drop childrens art classes, a 3-
thimbalicous 7 year old fish
hater finds herself a complete
1 year old Pink and
this is upon further
examination. Every
agreement with the fish, & our
IN ONE 27
MINUTE the

GOIND

Into

your World

ALWAYS
BUCKS

동인지

– 라이언 클리포드(Ryan Clifford), 토니 벤(Tony Venne)

동인지는 동네 복사 가게에서 저렴하게 중철 제본한 소책자에서 광택이 나는 총천연색 발행물까지 온갖 종류를 망라한다. 어떤 과정을 거치든, 동인지를 만드는 창의적인 사람들은 독립적인 통찰력이 있고, 고유한 관점에서 별난 내용을 찾는 데 공을 들인다.

수십 년 동안 동인지는 독립출판에서 필수적인 유형이었다. 원래는 가위랑 풀로 만들어서 우편으로 보내거나 동인지 행사에서 팔았지만, 현대 동인지는 대게 디지털 인쇄로 생산하여 온라인으로 판매한다. 이 편리한 매체가 매력 있는 이유는 접근이 편리하고 제작이 쉬울 뿐 아니라 성격이 관대하고 수명이 짧기 때문이다. 어떤 동인지는 마니아적인 하위문화에 말을 거는가 하면 다른 동인지는 더 넓은 독자에게 손을 뻗는다. 직접 만든 동인지는 광고를 달고, 정식으로 배포하고, 기고가에게 돈을 지급하고, 주기적으로 발행 일정을 정한 진짜 정기 간행물로 진화할 수도 있다. 어떤 동인지는 독자에게 보여주기 위해서가 아니라 제작자가 표현 충동을 달래기 위해 만들기도 한다.

나만의 동인지를 만들려면 내 기술과 열정, 자원에 관해 생각해야 한다. 주제에 관해 관심이 많거나, 그림이나 시, 글, 사진을 창작해서 유포하고픈 욕구가 강할 때 가장 좋은 동인지가 나온다. 동인지는 대게 창작자가 한 명이지만, 합작 결과로 탄생하기도 한다.

동인지 세계
동인지는 사는 것도, 거래하는 것도, 읽는 것도, 모으는 것도 재미있다. 무엇보다도 동인지는 만들기가 재미있다. 직접 편집자, 디자이너, 사진가, 예술 감독, 발행인이 돼 보자. 여기 보이는 것은 우리가 가장 좋아하는 몇 가지 동인지다. 그중 최고는 마이크 페리(Mike Perry)와 메릴랜드 미대의 그래픽 디자인 대학원 학생팀이 주말에 만든 동인지다.

여기 보이는 동인지는 디자이너이자 삽화가인 마이크 페리가 이끄는 주말 워크숍 동안에 탄생했다. 마이크는 디자이너 16명으로 팀을 꾸려서 32페이지짜리 동인지를 72시간 만에 만들었다. 동인지 주제는 어떤 것 같은가? 이 동인지에서는 과학이라는 터무니없이 광범위한 주제를 재미있는 시각으로 다룬다. 연구할 시간이 없었기 때문에, 각 기고가는 UFO와 빅뱅에서부터 사이언톨로지와 심리학에 이르는 소재를 찾아낸 다음 그래픽으로 표현하여 수록했다.

이 팀은 큰 판형(10.75 x 16인치)을 선택함으로써, 시각적 표현을 마음껏 할 수 있는 널찍한 놀이터를 마련했다. 중철 제본한 이 작품은 섞었을 때 갈색이 나오도록 분홍색과 초록색, 두 가지 색으로 오프셋 인쇄했다. 이렇게 한정적인 색상 범위 내에서 작업했지만, 모두는 이미지와 무늬, 질감, 활자, 손글씨를 자유롭게 창작했다. 그림과 글자는 고해상도 비트맵 파일로 스캔했는데, 페이지 디자인 소프트웨어를 이용하자 지정한 잉크 색상으로 빨리 변환할 수 있었다. 디자이너들은 레이아웃을 돌려보면서 전반적인 느낌을 느슨하고 공동체적으로 유지했다.

발간 기금을 모으는 데 보탬이 되기 위해, 팀원들은 친구와 가족에게 전화를 걸어서 멋들어지게 항목을 나눈 권말 광고면을 채웠다.

MY SISTER HAS A PHD IN PLANT MOLECULAR BIOLOGY. MY BROTHER-IN-LAW IS A PROFESSOR OF NEUROBIOLOGY AT HARVARD. I AM A GRAPHIC DESIGNER.

 BUY ME

협업
디자이너 16명은 과학이라는 거창한 주제로 동인지를 빠르게 만들어 내느라 긴 주말을 보냈다. 디자인은 마이클 페리와 메릴랜드 미대의 그래픽 디자인 대학원 스튜디오 작.

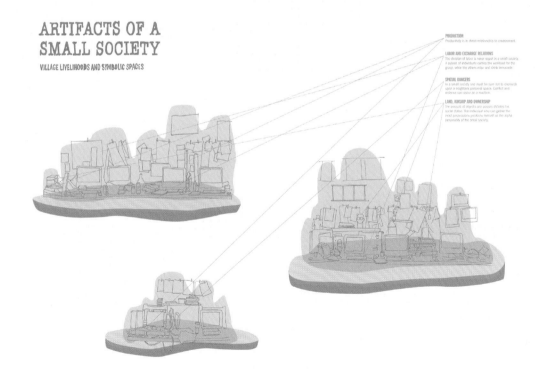

거창한 아이디어

모두가 긴장을 풀고 대중문화라는 관점에서 거창한 주제에 덤벼들었다. 그 결과 탄생한 시각적인 동인지는 팀 내에서 시각적 감성이 결합하고 유머 감각이 모인 모습을 잘 보여준다.

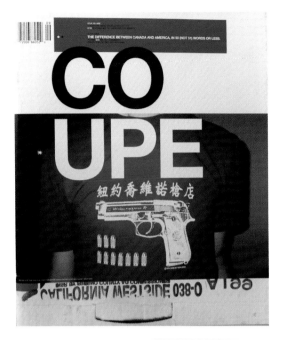

쿠페 매거진(Coupe Magazine)

『쿠페』는 연 2회 출간하는 발행물로 토론토에 있는 디자인 회사, 더 뱅(The Bang)에서 제작한다. 매 호에서 한 가지 주제를 탐사하는데, 주로 캐나다의 생활과 문화를 다룬다. 지난 호들에서는 토론토(Toronto)에서 글자 디자인이 가장 멋진 목적지, 특별한 캐나다 체험, 디트로이트(Detroit)와 미시간(Michigan) 버펄로(Buffalo)를 비롯하여 미국 접경 도시와 캐나다의 관계 등에 초점을 맞췄다. 『쿠페』는 그래픽 디자인을 선보이는 장이며, 제작자들에게 각자 콘텐츠를 이용해서 출판 매체를 실험하는 기회를 제공한다. 중철 제본한 이 동인지는 돋움인쇄나 코팅처럼 특별한 인쇄 기술뿐 아니라 풀컬러 오프셋 인쇄 방식을 이용한다.

블램! 블램!(BLAM! BLAM!)

풀컬러로 오프셋 인쇄한 이 발행물은 여성용 성인 잡지다. 2006년에 제나 레스켈라(Jenna Leskela)와 미셸 사이퍼스(Michelle Scifers)가 창간했는데, 두 사람은 여성이 착취당한다고 느끼지 않으면서 성생활을 탐구할 수 있는 발간물이 만들고 싶었다. 『블램! 블램!』은 성인용 소설과 독창적인 사진, 실용적인 요령 및 조언에 관한 글을 특징으로 한다.

이 동인지는 일부러 작게 (5.5 x 8.5) 만들어서, 독자가 가방에 넣고 다니거나 몰래 읽을 수 있게 했다. 수록한 사진은 지면 배치에서 큰 역할을 하면서 독자의 상상력을 자극한다. 이미지는 상징적이기보다 서술적이다. 글꼴은 큰 편이어서 침대에서 조명 밝기를 낮추고도 읽을 수 있다. 잡지 곳곳에 실은 몇 가지 작은 광고는 독자의 입맛에 맞으며, 인쇄 및 유통 비용을 충당하는 데도 도움이 된다. 『블램! 블램!』은 온라인으로 구독할 수 있으며 여러 독립 서점 및 성인 서점에서도 구매할 수 있다.

Issue I ♡ Summer 2006

The Teacher
by Michelle Scifers

The morning sun peered through the blinds and I awoke. Instantly, I was hit with the aroma of my lover. A reminder that his beautiful nude body was in my presence. I rolled onto him and kissed his neck. I slowly began to caress his fair, soft skin.

At last, his eyes fluttered as he began to drift out of sleep. He grabbed my breast and my hand drifted towards his hard penis. I began to rub him and watched his face as he fully awakened. I had never given him a hand job at this point, it isn't my forte. I am not awful, mind you. I tend

to shy away from things that I know I could do better. Right now, I didn't care. I wanted to please him. I wanted to please him and I wanted him to show me how I could. As he became more excited, I unleashed my secret. "I am not the best at these," I said. As if he read my mind, he asked

25

26

핑크 간지럼 태우기(Tickled Pink)

『핑크 간지럼 태우기』는 토드 브래트루드 (Todd Bratrud)가 제작하는 예술 동인지다. 대중문화와 지하 스케이트보드장에서 영향을 받은 삽화가 특징이다.

디자인을 보면 옛 단색 동인지가 떠오르지만, 검은색과 더불어 다른 단색을 사용해서 강렬한 효과를 낸다. 선을 노골적이고 명확하게 사용한 만큼이나 정밀한 그림은 알아볼 만한 대중문화 아이콘뿐 아니라 예술가가 상상으로 그려서 그리 알아볼 법하지 않은 여타 캐릭터를 묘사하기도 한다.

『핑크 간시넘 태우기』는 분홍색 인쇄용지이 인쇄하고 스티커 몇 개와 여타 요소로 포장한다. (여기 보이는 호는 X레이 필름 조긱을 덧붙였다). 이 동인지는 100부를 제직하며 벌레스크 오브 노스 아메리카(Bur-lesque of North America)라는 서짐을 비롯한 전문 서점 몇 군데에서 판매한다.

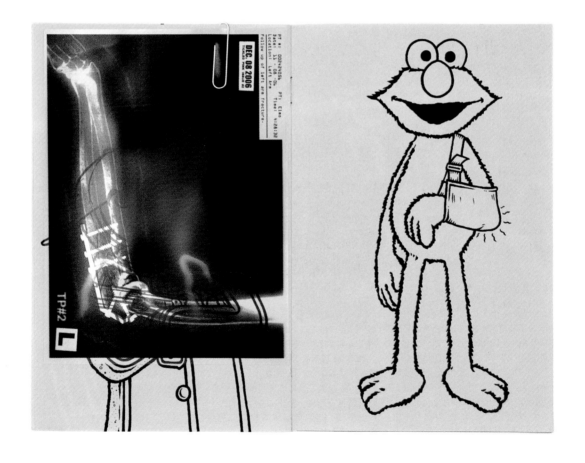

이스트 빌리지 잉키(East Village Inky)

『이스트 빌리지 잉키』는 1993년에 아윤 할리데이(Ayun Halliday)가 딸의 첫 돌을 맞아 시작했다. 이 소박한 동인지는 아윤이 뉴욕시에서 엄마로서 경험한 일들을 중심으로 한다. 일상적인 외출과 여행, 잉키와 밀로라는 두 자녀와 함께한 활동을 시간순으로 기록한다. 각 호에는 이야기와 만화, 요리법뿐 아니라 아이들의 그림과 사진도 실려있다. 복사하여 제작한 이 동인지는 판형이 5.5 x 4.25인치로 경제적이며, 철심 하나로 제본한다. 그리고 손으로 쓴 글과 단순한 그림이 빼곡하다. 그림이 글과 통합되면서 응집력 있는 모습과 손으로 만든 느낌을 자아낸다. 『이스트 빌리지 잉키』는 독립 서점 몇 군데와 전국 아동용품점에서 구매할 수 있다. 할리데이는 자기 웹사이트에서도 직접 제작한 다른 발행물과 함께 이 동인지를 배포한다.

어린이를
위한
그림책

네가 뼈만 보이면 어떻게 생겼을까?
(What Do You Look Like When Only Your Bones Are Showing?)
자가 출판한 이 도서는 4~7세 아동을 대상으로 한다. 삽화는 접착력 있는 종이를 손으로 잘라 만들었다. 글과 디자인, 삽화는 에이프릴 오스마노프 작.

– 에이프릴 오스마노프(April Osmanof)

모든 사람과 그 어머니들은 어린이 책을 쓰길 원한다. 하지만 청소년 문학 시장은 경쟁이 치열하므로 신입 저자와 삽화가가 진입하기 힘들다. 옛날 옛적에 어린이용 그림책에 쓸만한 훌륭한 아이디어를 떠올린 적이 있다면, 이제 직접 출판할 때일지도 모른다.

여러 독립 어린이 도서는 저자가 자녀와 손주, 조카 등 어린 가족에게서 영감을 받는다. 어쩌면 여러분 책은 여러분이 사랑하는 아이는 물론 다른 아이들에게도 완벽한 선물일 것이다.

여기서 선보이는 책은 룰루 주문형 출판 서비스를 통해 제작했는데, 이 서비스를 이용하면 저자는 자기 책을 친구와 친척, 더 다양한 잠재 독자와 공유할 수 있다. 책은 시작 비용 없이도 컬러로 제작할 수 있으며, 여러분은 도중에 원하는 만큼 견본을 주문할 수 있다.

진짜 아이들을 염두에 두고 책을 계획하자. 독자는 몇 살인가? 각 쪽에는 글이 얼마큼 들어가야 할까? 책은 어른들이 소리 내어 읽어줄까 아니면 아이가 직접 읽을까? 책을 읽는 데는 얼마나 걸릴까? 시간을 내서 성공한 아동 문학과 여러분이 알고 좋아하는 책을 살펴보자. 글과 삽화, 페이지 레이아웃 형식을 다양하게 연구하자. 아마추어가 쓴 아동 도서는 종종 모든 페이지에 그림을 하나 넣고 그 아래 말풍선을 하나 넣는다. 밋밋하고 지루한 이런 책들은 페이지마다 비율과 레이아웃이 다양하지 않다. 잘 만든 그림책은 영화 장면처럼 그림이 한 스프레드에서 다음 스프레드로 흘러가며 끊어지는 부분과 이어지는 부분이 흥미롭다.

아이디어 스케치하기

초기 콘셉트에 기초해서 스케치를 많이 하지.
『네가 뼈만 보이면 어떻게 생겼을까?』는 사람들
의 다양성을 받아들이는 일에 관한 책이다. 우리
모두 내부는 거의 똑같다. 책에서는 각 등장인물
을 짧은 동시로 설명한 뒤, 뼈를 찍은 X레이 사진
을 보여준다.

Over here is a basketball player.
He's the tallest we've seen.
He might be too big
to fit in the machine.

아이디어 실행하기

평범한 연필 스케치는 아동용 책으로는 충분히 신나지 않다. 이
삽화들은 뒷면이 끈적한 밀착 용지로 만든 콜라주다. 이 재미있는
미술 기법을 이용하면 삽화가는 스캔하기 전에 손으로 자른 조각
들을 바꾸거나 재배열할 수 있다.

판형

여기 보이는 어린이 책은
페이지가 정사각형인데,
이 판형에는 글과 그림을
유연하게 배치할 수 있다. 책을
8.5 x 11인치로 만들지 말자.
많은 편집자 앞에 쌓인 '거대한
투고원고 더미'에는 일반적인
편지지 크기로 인쇄했고
페이지당 그림이 하나인
아동용 도서 견본이 높이
쌓여있다. 8.5 x 11인치짜리
판형으로 작업을 해야겠다면,
책을 수평으로 제본해서 더
놀랄만한 효과를 주자.

다양성을 발견하기

책을 더 영화처럼 만들고
싶다면 극단적으로 클로즈업뿐
아니라 줌아웃 기법을
이용해서 더 넓은 장면이나
풍경을 보여주자. 하얀 여백을
이용해서 독자에게 숨 돌릴
기회를 주자.

책등 주의하기

그림이 스프레드 전체를
차지하거나 한 페이지를
넘어갈 경우, 중요한 시각
정보를 정 가운데에 놓지
말자. 여러분은 주인공이 제본
때문에 머리가 잘리길 원치
않을 것이다.

반복 요소 만들기

여기 보이는 책에서는
수평선이 모든 쪽을 망라하고
공통으로 지나간다. 여러분은
쪽마다 주인공을 비슷한
크기로 유지하거나 쪽마다
움직임이 같은 방향을
향하도록 하고 싶을 수도 있다.

데즈먼드와 괴물 친구들(Desmond and His Monster Friends)
손으로 쓴 글씨가 용감한 그림과 잘 어울린다.
디자인과 글, 삽화는 사라 A. 마이어스(Sarah A. Mires) 작.
메릴랜드 미대 일러스트레이션 학과 졸업 작품.

**진주 속 소용돌이
(A Whirl in a Pearl)**
이 자가 출판 도서는 주문형 출판을 통해 적은 부수만 제작했다. 저자는 책을 주문 제작한 봉투로 포장해서 더 개인적인 작품으로 만들었다. 글과 디자인, 삽화는 메릴랜드 미대 연구실 소속 에린 위맥(Erin Womack) 작.

**세실의 새해 전날 이야기
(Cecil's New Year's Eve Tail)**
미네소타주 노스필드(Northfield)에 있는 버튼위드 프레스(Buttonweed Press)는 어린이 책을 제작하는 작은 출판사로 다양성과 정체성을 인정하도록 장려하는 데 헌신한다. 이야기와 그림은 마리 프리츠 페리(Marie Fritz Perry) 작.

어른을
위한
그림책

– 웨 퉈(Yue Tuo)

그림책은 아이만을 위한 것이 아니다. 그래픽 노블과 삽화가 들어간 책은 중요한 문학 및 예술 장르가 됐다. 다양한 기법을 사용해서 자기 그림을 책 형태로 엮기를 즐기는 예술가도 많다. 역동적인 페이지 디자인을 이용해서 냅킨에 끄적인 낙서와 지하철에서 한 스케치에 활기를 불어넣자. 그림책은 멋진 선물이 되거나 포트폴리오 작품이 되거나 그 자체로 예술작품이 된다.

이 장에서 선보이는 책은 그림을 역동적인 설명 요소로 사용한다. 전시회 카탈로그나 학술적인 예술서처럼 복제한 책과는 달리, 이 작품들은 그림을 이용해서 시각적으로 이야기를 한다. 그림은 페이지를 뛰어넘고 떠나버린다. 어린이용 그림책에서와 마찬가지로 말이다. 이런 책은 특별한 예술품처럼 손으로 만들 수도 있고 대량이든 소량이든 인쇄를 할 수도 있다.

옛날에 쓰던 스케치북을 살펴보고, 아름답든 웃기든, 날것이든 다듬은 것이든 여러분이 만들었던 예술작품을 재발견해서 독창적이고 개인적인 출판물을 만들어 보라.

스케치북
이 재미있는 그림책은 간단한 스케치로 이루어졌는데, 스케치를 스캔하고 배치하고 인쇄해서 수제 책으로 만든 것이다. 크기를 바꿔서 역동적으로 배치함으로써 디자이너는 이 스케치에 새 삶을 불어넣었다. 삽화와 디자인은 웨 퉈 작.

이야기하기

여기 보이는 책은 중국 내 일상생활을 재미 있게 그린 삽화를 모은 것이다. 페이지들의 바깥 가장자리, 다른 말로 '앞 마구리'를 접 었으며 선장 제본 방식(이 기술에 대해서는 '나만의 책 만들기' 장에서 알아보자)으로 엮었다. 지면 배치는 쾌활한 책 분위기를 전달하는 데 도움이 되며, 그림들 사이에 관계가 있음을 암시한다. 위 사진은 천국에 간 노부부가 구름 한 쌍에 서 있는 모습을 그린 것이다. 또 다른 구름이 지면 꼭대기에 떠올라 있다. 이미지를 어떻게 지면에 배치 할지, 그리고 이미지가 어떻게 가장자리를 삐져나가거나 방향을 바꿀지 실험하는 일 은 재미있다. 디자인은 웨 퉈 작.

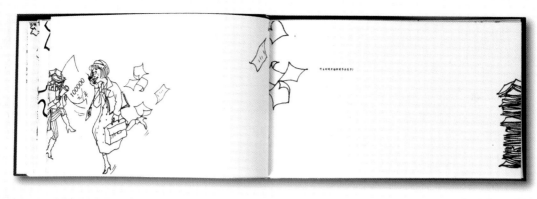

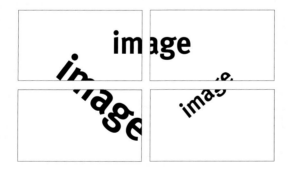

자르기와 반복하기

그림은 한 페이지에서 시작해서 다음 페이지로 넘어갈 수 있다. 이 책은 바깥 가장자리를 따라 페이지들을 접었기 때문에 말 그대로 그림이 페이지를 감쌀 수 있다. 평범하게 양면 인쇄한 페이지로도 비슷한 효과를 낼 수는 있지만, 인쇄 과정에 따라서 그림이 정확히 정렬하지는 않을 수도 있다. 이 지면 배치 기법은 책에 연속성과 동작성을 부여한다. 책 구석에 그림의 작은 일부를 넣음으로써 독자에게 페이지를 넘기라고 이야기할 수 있다.

토즈와 초즈(Toads n Chodes)
복사해서 중철 제본한 이 책은 멋지게 상호작용하는 물체로 변신
하는데, 독특한 표지를 펴면 포스터가 되기 때문이다. 표지는 여
러 색상으로 스크린 인쇄하며, 큰 이미지를 사용한다. 활기를 더하
기 위해 내지는 밝은 초록색 인쇄용지에 인쇄한다. 디자인은 익스
트림 트로글로다이트 프레스(Extreme Troglodyte Press)의
노엘 프라이버트(Noel Freibert) 작. 사진은 댄 마이어스 작.

* MASSIVE GRAPHIC

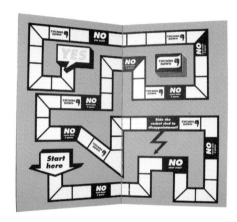

*거대한 그래픽(*Massive graphic)
그림과 디자인을 담은 이 거대한 책은 크기
가 11 x 18인치다. 두꺼운 판지에 스크린
인쇄한 이 책은 완벽하게 제본했으며 테두
리에 금박을 입혔다. 디자인은 조셉 갤브레
스 작.

사나운 해변에서 소풍을(Picnic at Tough Beach)

이 핸드메이드 만화책은 내지는 복사하고 표지는 스크린 인쇄 한 것이다. 표지를 안쪽과 바깥쪽에 모두 인쇄해서, 책을 열었을 때 아름다운 '면지' 같은 효과가 난다. 내지는 옅은 커피색 인쇄용지에 복사한 것이다. 디자인은 라이언 스미스(Ryan Smith) 작. 사진은 댄 마이어스 작.

이웃의 대화(Conversations in Your Neighborhood)
이 책은 종이 한 장으로 구성되는데, 양면에 스크린 인쇄하여 작은 책처럼 접은 것이다. 신선한 스타일로 포장함으로써 책에서 풍기는 장난감 같은 느낌을 강조한다. 디자인은 라이언 스미스 작. 사진은 댄 마이어스 작.

네가 싫다 해도 난 상관없어(I Don't Care If You Don't Like It)
이 책은 독창적인 스케치로 구성되는데, 스케치를 잘라서 책으로 묶은 것이다. 디자이너이자 삽화가인 로리 로젠왈드(Laurie Rosenwald)가 워크숍을 주도했고 거기서 학생들이 이 스케치를 창작했다. 이 책은 5권을 제작했으며 각자가 다 고유하다. 디자인은 조셉 갤브레스 작.

기호(Taste)

복사해서 제작한 이 저널은 의자를 그린 초상화와
사람들이 자기 가구에 관해 어떻게 느끼는 지를 손
으로 쓴 문구를 짝짓는다. 디자인은 토니 벤 작.

STRIP(E)
Banning S.P.
1995

전시회 카탈로그

- 존 코리건(John Corrigan)

예술가나 큐레이터는 전시회를 연출할 때 전시 작품을 어떻게 내보일지에 대해 많이 생각한다. 작품은 얼마나 높이 어떤 순서로 매달아야 할까? 작품은 틀이 있거나 없는가, 서로 가깝게 붙어 있거나 멀리 퍼져있는가? 작품이 서로 대화를 나누거나 각자가 독립적인 주장을 하는가? 작품을 알아볼 수 있도록 벽에 이름표를 붙이거나 목록을 인쇄해야 하는가? 전시회 카탈로그나 예술작품의 사진집과 도록을 만들 때도 비슷하게 배치를 결정한다.

이런 책은 독자가 작품에 흥미를 강하게 느끼고 쉽게 접근하도록 복제물을 선보이고 전시한다. 화집이나 사진집은 다른 곳에 존재하는 작품을 담은 문서다. 책에 담은 사진은 설치 미술이나 행위 예술과 관련하여 유일하게 영구적인 기록이 되곤 한다. 아무리 지난 10년 동안 색을 재현하는 품질과 가용성이 빠르게 향상했다 하더라도 인쇄한 지면은 예술을 직접 체험하는 일을 대체하지 못한다. 다큐멘터리 영상이 현실을 편집하고 창작해서 묘사한 것이듯, 전시회 카탈로그나 다른 화집도 선별한 그림을 편집하고 일부러 꾸민 것이다. 많은 화집은 판형이 중립적이고 익명성을 보장하는 듯 보이지만, 복제품을 자세히 살펴보기에 권위 있지만, 매력적인 분위기를 내려고 의도적으로 디자인한 것이다. 지면 배치와 서체가 작품을 강조하는 동안, 책 자체는 배경이 된다.

전시하기

잘 디자인한 미술관 전시회와 마찬가지로, 사려 깊게 제작한 카탈로그나 화집은 미술품을 돋보이게 만드는 것이 목적이므로 가장 유리한 방식으로 작품을 과시한다. 지면 배치를 단순하게 하면서 흰 여백을 넉넉히 잡고 캡션을 우아하게 넣으면 예술작품을 멋지게 선보일 수 있다. 디자인과 사진은 존 코리건 작.

예술가가 작품을 문서로 남겨서 수집가와 큐레이터, 공동 작업자, 보조금을 제공하는 단체, 동료 예술가, 일반 대중을 포함하여 다양한 청중과 공유하길 원한다면, 화집은 매우 귀중한 도구다. 작품에 집중할 수 있도록 디자인을 깔끔하고 단순하게 하는 일부터 시작하는 것이 좋다. 비율과 리듬, 순서, 흰 공간을 이용해서 선별한 그림을 매력적인 방식으로 표현하자.

그림 사이에 대화가 오가고 그림을 비교하기에 좋은 순서로 작품을 배열하자. 동시에 독자는 책을 자유롭게 획획 넘기다가 흥미가 가는 곳에서 멈출 것이라는 점도 알아두자. 좋은 화집이나 전시 카탈로그는 돌아다니다가 쉴 틈을 만들어 준다. 좋은 전시회를 설계할 때 그렇게 하듯 말이다.

전시회 카탈로그는 주로 사진이 지배적인 내용을 차지하지만, 여러분은 수필과 캡션, 확인목록도 넣고 싶을지 모른다. 평론가나 작가가 쓴 수필은 책에 무게와 가치를 더해준다. 독창적인 글을 의뢰하는 것은 작가와 협업하고 예술가의 작품을 신선한 시선으로 바라보는 훌륭한 방법이다. 확인목록은 전시회에서 선보였던 작품 전체를 완전히 나열한 목록이며, 카탈로그에 나오지 않았을 수도 있는 작품까지 포함한다. 이 문서는 보통 작품 제목과 크기, 표현 수단, 여타 기본 정보를 포함하며, 전시회 내용을 담은 공식 기록이 되므로 큐레이터와 연구자, 예술가, 거래상한테 중요하다.

사진 연구하기
책을 어떤 모양으로 할지 고르기 전에 사진을 전부 살펴보자. 예를 들어 사진이 대부분 가로로 길다면 여러분은 가로로 긴 책을 선호할 수도 있다. 캡션이 얼마나 길고 중요한지도 고려하자. 캡션이 지면에서 공간을 예상보다 더 차지할 수도 있다.

세로 판형(오른쪽)
세로 쪽은 독자에게 가장 친숙하다. 이 판형은 쪽당 이미지를 하나 넣고 그 아래 캡션을 달아서 보여주기에 적절하다. 여러분은 이미지를 전부 오른쪽 페이지에 넣고 캡션을 왼쪽 페이지에 달고 싶을 수도 있다.

가로 판형(왼쪽)
가로로 긴 출판물은 지면 너비에 여유가 있으므로 여러 이미지와 설명글, 캡션을 수월하게 수용할 수 있다. 이미지 주변에 흰 여백을 두려고 노력해서 객관적인 느낌을 강조하자.

판형 선택하기
여러분은 책 내용뿐 아니라 사용하려는 인쇄 방법에 따라서도 판형을 선택할 것이다. 어떤 쪽 크기는 다른 크기보다 더 경제적이고, 어떤 인쇄기는 특정한 크기로만 책을 제작한다. 이 책은 가로 판형을 선택했는데, 미술관을 거니는 경험과 관련이 있다. 또 판형이 넓으면 정사각형이거나 직사각형인 이미지를 한 면에 두 개씩 쉽게 넣으면서도 캡션용 공간을 많이 남길 수 있다. 디자인은 존 코리건 작.

FOREWORD

All of the images in this exhibition were
created using a Polaroid Land Camera.
The photographs have been left unaltered,
full framed and reflect a single moment.
Using the immediacy of the Polaroid one
knows whether the image is to be kept, or
destroyed.

Central Air Nomadic Art Space began in 1999. Initially started as Radiator Art Exhibition Company, with co-founder Lee Acre Swanson. Its mission was to create a collective art space allowing founding members to exhibit and promote their work as well as the works of like minded artists. Radiator radically provided an exhibition space for group shows as well as thematic artist pairings. Radiator looked to reinvigorate the exhibition options in Minneapolis.

Central Air was the next generation. I wanted to create a sense or happening. I wanted to publish the collective findings in a thematic publication representing the involvement of multiple disciplined contributors. The comedic essence of an art exhibition represents itself perfectly in a publication, avoiding the gallery atmosphere altogether.

The context for No Negative came from the realization that these Polaroid images, taken by Jerome Page Tobias from 1992-1997, remain the only documentation of his experiences with these seemingly obscure places. Jerome is repeatedly drawn to architectural anomalies, as well as his interaction with and memory of these places. These photographs identify obscure landmarks without direct reference. Yet Jerome can entirely identify the moment and placement of each photograph.

This collection celebrates the chosen limitations of using a Polaroid Land Camera. The photographic medium of the Polaroid, unlike any other camera, relies on the moment of observation. The final image implies the informal documentation of fleeting time. Polaroid images appear small, frail, and delicate in comparison to other photographic formats. The moments between the click of the shutter and the peeling of the emulsion, paper carved of hope and anticipation, this represents itself is the final presentation of the image.

The images of this photographic exhibition are snap shots of specific places at specific moments. The photographs are grouped according to repeated interest, and represent the collected memories of both place and space.

4 | CENTRAL AIR NOMADIC ART SPACE

NO NEGATIVE | 5

DOCUMENTED
PLACE

FREE HBO
Minneapolis, Minnesota
1994

격자 디자인하기

격자는 가로 구획뿐 아니라 책 여백과 단으로 구성한다. 디자이너는 격자를 이용하여 페이지를 일관되지만 다양하게 만들면서, 발행물에 정돈되고 전문적인 느낌을 부여한다. 격자를 이용하면 다양한 레이아웃을 만들 수 있다. 모든 것을 페이지 가운데에 집어넣을 필요는 없는 것이다. 격자를 만들려면 페이지에 단을 몇 개 넣을지부터 선택해야 한다. 인디자인 같은 페이지 레이아웃 프로그램에서는 새 문서를 열면 단을 만들라고 요청할 것이다. 여기 보이는 격자는 페이지당 단이 5개다. 캡션 같은 일부 요소는 단을 하나만 차지하지만, 사진과 수필은 여러 단에 걸쳐있다. 이 격자는 세로 단이 5개일 뿐 아니라 가로 구획도 5개다. 격자는 제목과 캡션, 머리말, 페이지 번호처럼 다양한 정보를 고정하는 데도 사용한다. 격자를 이용하면 질서를 만들면서도 요소들을 역동적이고 다양한 패턴으로 배치할 수 있다.

FERN WOODS
Deer Isle, Maine
1994

HAYSTACK
Deer Isle, Maine
1994

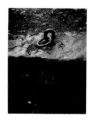

LIFT
QUARRY ANCHOR
Sandstone, Minnesota
1991

RELIC
Sandstone, Minnesota
1991

STRIP(E)
Ossining, NY
1991

이미지 크기 및 위치

책에서는 페이지를 두 개 붙인 스프레드 하나가 한 단위다. 왼쪽과 오른쪽에 있는 이미지가 어떤 관계인지 생각해보자. 각 이미지는 크거나 작아야 할까? 이미지를 자세하게 보여줘야 할까? 격자를 사용해서 이미지의 크기와 위치를 결정하자. 필요하다고 생각하면 격자를 무시하자.

이미지를 얼마나 크게 만들어야 하는지도 생각하자. 어떤 예술가는 매 사진을 페이지 안에서 가능한 한 크게 만들길 바란다. 다른 예술가는 몇몇 복제물을 다른 것보다 작게 만들어서 실제 예술작품들의 비율을 암시하고자 한다. 여러분은 작품의 실제 크기와 무관한 비율을 만들고 싶을 수도 있

다. 예를 들어 여러분은 작은 그림에 근접해서 자세한 부분을 보여주거나, 더 넓은 환경에 있는 조각품을 줌아웃해서 표현할 수도 있다.

다른 영웅들(Other Heroes)
이 카달로그는 아프리카계 미국인 만화가
에 관한 전시회용으로 룰루 주문형 출판 서
비스를 통해 제작했다. 큐레이터인 존 제닝
스(John Jennings)와 다미안 더피(Da-
mian Duffy)는 예산이 별로 없었지만, 자
기들이 조사한 내용을 더 영구적이게 문서
로 만들어서 유포하길 원했다. 디자인은 존
제닝스 작. 사진은 제이슨 오쿠타케 작.

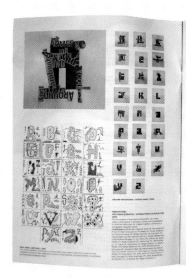

알파벳(Alphabet)

그래픽 디자인 회사인 포스트 타이포그래피 (Post Typography)의 놀렌 스트럴스 (Nolen Strals)와 브루스 윌렌(Bruce Willen)은 알파벳이라는 여행 전시회를 문서로 남기기 위해 이 책을 제작했다. 책과 전시회에서는 전 세계에서 예술가와 디자이너 51명이 그린 알파벳 63개를 선보인다. 스트럴스와 윌렌은 '각 알파벳을 단어와 조판 맥락에서 꺼내서' 보는 사람이 저마다 특징이 있는 알파벳 26개의 모양에 집중하길 바랐다. 이 책은 흑백으로 오프셋 인쇄하여 중철 제본했다.

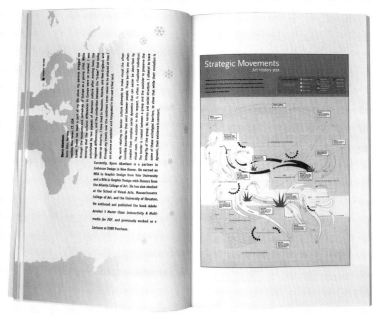

뒤집다(Outside In)

2005년에 세계 각지 출신 디자이너 25명이 포스터를 책으로 엮기로 했다. 이 디자이너들은 모두 이민자여서든, 방랑자여서든, 난민이어서든 그 밖에 어떤 면에서든 자기가 '아웃사이더'라고 생각했다. 책에 수록한 포스터는 이 디자이너들이 느끼는 소외감을 표현한다. 『뒤집다』는 오하이오주 신시내티(Cincinnati)에서 디자인 스튜디오인 비주어링구얼(VisuaLingual)를 운영하는 마야 드로즈츠(Maya Drozdz)가 책 형태로 정리했다. 책은 룰루에서 주문형 출판을 통해 제작했으며, 룰루는 전 세계 수많은 나라에 있는 독자에게 이 책을 배송한다.

포트
폴리오

– 임현수(HyunSoo Lim)

'포트폴리오'라는 단어를 들으면 가장자리를 따라 지퍼가 달린 거대한 사각형 인조 가죽 가방과 먼지 묻은 플라스틱 파일들이 풀 자국 난 과제물로 가득한 모습이 떠오르던 시절이 있었다. 오늘날 포트폴리오는 작고 실속있게 인쇄하며 여러 권씩 제작하는 책일 가능성이 더 크다. 상대적으로 제작 비용이 덜 들기 때문에 여러분은 이렇게 인쇄한 책을 잠재 고객이나 미술관에 보내거나 보조금 및 장학금 신청서에 동봉하거나 면접장에 남기고 올 수 있다.

여기 보이는 포트폴리오는 삽화가 이화연(Hwa Youn Lee)을 위해 만든 것이다. 화연은 원본 그림들과 고객사 프로젝트로 제작한 지면 광고들로도 포트폴리오를 만들었지만, 이렇게 인쇄한 포트폴리오가 있으면 장점이 많다는 것을 발견했다. 화연의 작품집은 예술 감독이나 고객이 화연의 그림을 인쇄하면 어떨지 상상하는 데 도움이 된다. 화연은 소재와 재료, 크기가 다양한 작품을 포트폴리오에 많이 담았다. 책 지면에 배치하고 나자 이 작품들은 분명 예술가 한 명의 성향과 상상력을 보여준다.

포트폴리오는 룰루의 주문형 출판 서비스를 이용해 제작했다. 한 번에 소량도 주문할 수 있으며, 새 작품을 책에 갱신해서 필요한 만큼 더 주문하기도 쉽다. 여러분은 탁상용 프린터기를 이용해서 예술가의 포트폴리오를 인쇄한 다음, '나만의 책 만들기' 장에서 설명하는 방법을 이용해서 제본할 수도 있다.

나 자신을 뽐내자.
주문형 인쇄로 포트폴리오를 제작하면 여러분은 작품을 잠재 고객과 편리하게 공유할 수 있다. 레이아웃을 이용해서 이야기를 들려주고 자세한 부분을 돋보이게 표현하자. 삽화는 이화윤 작. 디자인은 임현수 작.

포트폴리오의 도입 페이지를 보기 좋게 배치하자. 여기 보이는 페이지들은 삽화가인 이화연을 위해 만든 포트폴리오에서 가져온 것이다. 그림 중 하나는 매우 길고 가늘었다. 길이는 32인치가 넘었고 높이는 고작 2.1인치였다. 디자이너인 임현수는 이 비범한 그림을 기회로 삼아서 흥미진진한 일련의 도입 페이지들을 만들었다. 그림은 첫 번째 쪽에서 시작해서 그다음 두 스프레드로 이어진다. 포트폴리오는 주문형 출판을 통해 인쇄하고 제본했으며 쉽게 갱신할 수 있다.

Do you want to see my dreams?

Portfolio

Works by Hwa Youn Lee

Kitting Monster
Ink and pen on paper, 2.1 X 32.7 in.

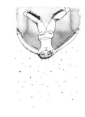

My Heavy Balloon,
Mixed media, 6.5 X 9.9 in.

Everybody, I Am Meditating,
Mixed media, 6.5 X 9.9 in.

Dream to Fly,
Mixed media, 6.5 X 9.9 in.

Right: Under My Bed Quilt,
Mixed media, 6.5 X 9.9 in.

For My Gift,
Mixed media, 6.5 X 9.9 in.

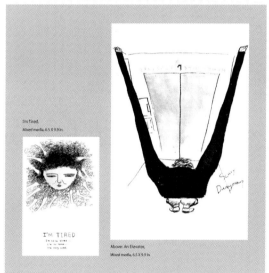

I'm Tired,
Mixed media, 6.5 X 9.9 in.

Above: An Elevator,
Mixed media, 6.5 X 9.9 in.

리듬과 비율

비율을 달리하면서 다양성을 끌어내고 그림들 사이에 대화를 유도하자. 작품을 다양한 크기로 선보이면 지면을 역동적으로 만들 수 있다. 테두리와 흰 여백, 배경 색은 각 작품을 틀에 넣는 데 도움이 된다.

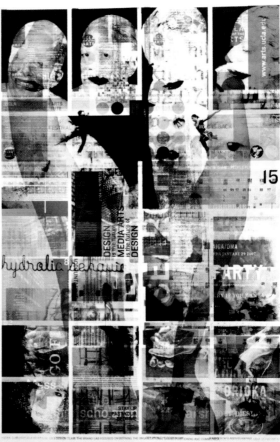

록사나 자르함(Roxana Zargham)
그래픽 디자이너인 록사나 자르함은 자기 포트폴리오를 시각적인
역작으로 여겼다. 과제물을 개별적으로 깔끔하게 기록하기보다는
서로 포개고 수 겹씩 덧인쇄했다. 그리고 제본하지 않음으로써
낱장마다 예술작품 같은 느낌을 주었다. 사진은 댄 마이어스 작.

마르크 부르크하르트(Marc Burckhardt)
예술가인 마르크 부르크하르트는 겨울 휴가 동안 작고 아름답게
만든 작품집을 발송했다. 이 작은 책은 중철 제본하긴 했지만,
책날개를 접고 표지 그림에 박을 입힐 뿐 아니라, 고급 종이와
인쇄술을 사용하여 각 책을 특별한 기념품으로 만들었다.

Installation view of 'Grace # L' 2006

Installation view of 'Grace # L' 2006

레베카 멘데즈(Rebeca Mendez)

그래픽 디자이너이자 예술가인 레베카 멘데
즈는 자신이 맡은 각 프로젝트를 기록하기
위해 이런 작은 책자를 만든다. 레이저 프린
터로 인쇄해서 팸플릿처럼 실 제본한다. (이
방법에 대해서는 '나만의 책 만들기' 장에서
알아보자). UCLA에서 예술 및 디자인 프
로그램에 참여하는 교직원으로서, 멘데즈는
수업을 듣는 학생들에게 과제물을 전부 기록
하라고 요구한다. 이렇게 간단하지만 우아
한 발행물은 진행 중인 작업을 영원히 기록
할 것이다. 사진은 댄 마이어스 작.

스티븐 라드(Steven Ladd)와 윌리엄 라드(William Ladd)
이 호화롭고 손으로 맨 포트폴리오는 뉴욕시에서 스튜디오를 운영하
는 보석 및 패션 액세서리 디자이너, 스티븐 라드와 윌리엄 라드가
만든 작품을 기록한다. 이 책은 두 사람의 스케치와 작업 과정뿐 아
니라 완성한 작품도 기록한다. 두 사람은 보석 및 다른 물건만큼이
나 이 책을 완벽하게 제작한다. 사진은 댄 마이어스 작.

나만의 책 만들기

제작의 기초 - 핸드메이드 책

...ts : two strong pb locks

Dust jacket spread

...tact on production

Decision matrix

Do you have something to share / say

No

Yes → Make a book

each section will have an area for the section
1. background photo
2. art of
3. take longel
4. make million

printing

Web title

draw

I can

take photos

write-prose poetry

hardy visuals

제작의 기초

– 조셉 갤브레스

책을 제작하는 기본 방식은 세 가지다. 바로 철저한 DIY, 주문형 출판, 통상적인 인쇄술이다. 장비만 있으면 집이나 학교, 사무실에서도 해낼 수 있는 거친 기술부터 전문 출판사가 추구하는 고급스러운 접근법에 이르기까지 이런 제작 기법은 모두 우리가 앞선 장에서 알아봤던 디자인 지침과 관련이 있다.

　　손으로 책을 만드는 일은 가장 수준 높은 예술이자 공예다. 또 산업 공정으로써 가장 오래된 대량 생산 형태로 볼 수 있다. 이 장에서는 몇 가지 기본적인 책 제작 기술뿐 아니라 대량 생산이 가능한 제조업체를 이용하는 방법에 관해서도 설명한다. 북 디자인과 책을 물리적으로 제작한 모습은 상호의존적이다. 페이지는 얼마나 클 것이며 얼마나 많을 것인가? 어떻게 제본할 것인가? 책은 몇 부가 필요할까? 이런 결정은 전부 제작비뿐 아니라 책의 모양과 촉감에 영향을 줄 것이다. 다음 스프레드에 나오는 작업 공정도를 따라가면서 낯설고 흥미진진한 자가 출판계로 뛰어들기에 가장 좋거나 가장 나쁜 방법을 이해하자.

계획 세우기
책을 손으로 만들든 상업적인 인쇄 서비스를 이용하든, 여러분은 행동 계획이 필요할 것이다. 일정과 예산, 기술을 파악하자. 직접 할 수 있는 일은 무엇인가? 어느 부분에서 도움이 필요할까? 그림과 사진은 조셉 갤브레스 작

어떻게 책을 제작할까?

손을 쓰지 않고   직접 손을 써서

예산은 어느 정도인가?

예산?   예산!

주문형 출판   통상적인 출판

어느 POD 서비스를 이용할 것인가?use?   누가 책을 인쇄해 주는가?

_____   불확실함   _____   불확실함
서비스 업체 이름   인쇄소 이름

인쇄소 조사 및 견적 의뢰

적용사항 전부 고르기   인쇄소에서 감리를 보고 제본소에서 끝내기 작업을 참관할 것인가?

☐ 4.25 x 6.875 in ☐ 컬러   그렇다   아니다
☐ 5.25 x 8   ☐ 흑백
☐ 6 x 9   ☐ 스프링 제본
☐ 6.14 x 9.21   ☐ 중철 제본   ## 누가 책을 유통하는가?
☐ 6.5 x 9   ☐ 풀매기
☐ 7 x 10   ☐ 덧표지   불확실함   _____
☐ 7.44 x 9.68   ☐ 책가위   유통사 이름
☐ 7.5 x 7.5
☐ 8.25 x 8.25   어느 서비스가   ## 책 20상자를 무기한 보관해줄 사람 5명 나열하기:
☐ 8.25 x 6   이런 요건에 가장
☐ 8.27 x 11.69   잘 부합하는지
☐ 8.5 x 8.5   조사하기.
☐ 9 x 7

_____   1 _____
서비스 제공자 이름   2 _____
                         3 _____
                         4 _____
                         5 _____

책을 출판해서 큰돈을 버는 사람은 거의 없다. 유명한 작가조차 본업을 유지하라는 조언을 듣는다. 손익계산을 해서 얼마큼 지출할 의지가 있고 몇 권을 팔아야 손익 분기점에 도달하는지 판단하자.

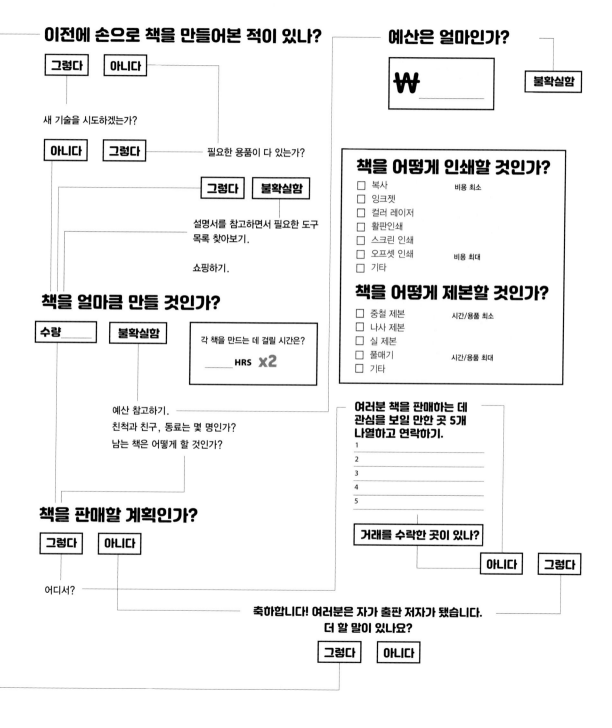

이전에 손으로 책을 만들어본 적이 있나?

그렇다 아니다

새 기술을 시도하겠는가?

아니다 그렇다

필요한 용품이 다 있는가?

그렇다 불확실함

설명서를 참고하면서 필요한 도구 목록 찾아보기.

쇼핑하기.

책을 얼마큼 만들 것인가?

수량_____ 불확실함

각 책을 만드는 데 걸릴 시간은?

_____ HRS x2

예산 참고하기.
친척과 친구, 동료는 몇 명인가?
남는 책은 어떻게 할 것인가?

책을 판매할 계획인가?

그렇다 아니다

어디서?

예산은 얼마인가?

₩_____ 불확실함

책을 어떻게 인쇄할 것인가?
☐ 복사   비용 최소
☐ 잉크젯
☐ 컬러 레이저
☐ 활판인쇄
☐ 스크린 인쇄
☐ 오프셋 인쇄   비용 최대
☐ 기타

책을 어떻게 제본할 것인가?
☐ 중철 제본   시간/용품 최소
☐ 나사 제본
☐ 실 제본
☐ 풀매기   시간/용품 최대
☐ 기타

여러분 책을 판매하는 데 관심을 보일 만한 곳 5개 나열하고 연락하기.
1 _____
2 _____
3 _____
4 _____
5 _____

거래를 수락한 곳이 있나?

아니다 그렇다

축하합니다! 여러분은 자가 출판 저자가 됐습니다.
더 할 말이 있나요?

그렇다 아니다

활판인쇄

위 사진은 반대쪽 페이지에 보이는 나무 활자로 인쇄한 견본이다. 전통적으로 활판인쇄에 사용하는 개별 활자는 납으로 주조하거나 나무로 조각한다. 큰 글자는 대개 나무로 만드는데, 납보다 가볍기 때문이다. 하지만 나무도 시간이 흐르면 닳는다. 흠집이 나거나 골이 패면서 표면에 예기치 못한 결함이 발생하는데, 덕분에 활판인쇄에 색다른 매력이 생긴다.

인쇄 유형

예산과 수량, 내용은 어느 출판 사업에서나 고려하는 대상이지만, 독립 서적을 어떻게 인쇄할지 결정하는 일은 개인적인 역량, 재료와 장비에 대한 접근성, 투자하려는 시간 등에도 영향을 받을 것이다. (프로젝트에 시간이 얼마나 걸리리라고 예상하든 그보다 두 배를 염두에 두는 것이 안전하다는 점을 기억하자).

아래층에 사는 이웃이 활판 인쇄소를 운영한다면, 들러서 안면을 익히자. 여러분이 몬태나(Montana)의 외딴 구릉 지대에 산다면, 인터넷을 이용해 작업할 때 성취할 수 있는 것을 알아보자. 경보를 울릴 만큼 바쁜 상태라면 복사 가게에서 중철 제본한 동인지를 빠르게 만들어 내자. 교정하고 다듬는 데 쓸 시간이 있다면 주문형 출판을 통해 300쪽짜리 소설을 제작하자. 이용할 수 있는 공정과 그에 따른 장점 및 한계를 다양하게 살펴본 다음 어떤 것이 프로젝트에 가장 적합한지 선택하자. 각 기술은 저 나름대로 흥미롭고 성가시기 마련이다.

복사

비공식적이고 신속한 이 방법은 단기 과제를 수행할 때 글과 이미지를 종이에 옮길 수 있는 가장 빠르고 저렴한 한 가지 방법이다. 필요한 것이라고는 원자료와 복사기가 전부다. 흥미를 더하려면 색이 있는 종이나 갱지를 사용하자. 수백 부 이상을 발행할 때는 오프셋 인쇄나 디지털 인쇄를 알아보는 것이 더 저렴하다.

잉크젯/컬러 레이저

컴퓨터로 책을 디자인한 다음 인쇄 버튼을 누르자. 탁상용 프린터는 인쇄 원색—청록, 자홍, 노랑, 검정—을 사용하므로 이미지를 풀컬러로 뽑을 수 있다. 판형이 더 큰 프린터도 이용할 수 있다. 어떤 잉크젯 프린터는 지속력이 좋은 방수 잉크를 사용한다. 어떤 인쇄용지는 코팅이 돼 있어 깔끔하게 접히지 않으리란 점에 주의하면서, 실험한 다음에 여러분 책에 가장 잘 어울리는 인쇄용지를 고르자. 탁상용 프린터는 큰 부수를 찍기에는 비용면에서 비효율적이지만, 책을 몇 권만 제작하기에는 편리한 진입점이 된다.

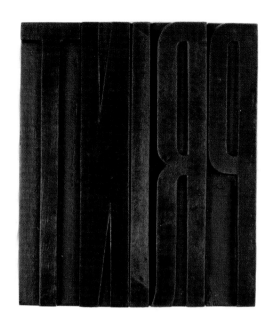

활판인쇄

한때는 표준적인 상업 인쇄 방법이었으나 이제는 주로 소규모 사업이 됐다. 튀어나온 면에 잉크를 바르고 종이에 누르면, 선명하고 입체감 있는 인쇄물이 나온다. 활판인쇄 주의자들은 금속 활자와 나무 활자로 작업하길 선호하지만, 디지털 파일도 필름으로 인화해서 폴리머 재질 판에 새길 수 있다. 활판인쇄는 초대장이나 고급 출판물용으로 인기가 있지만, 인쇄소가 없는 지역도 있고, 여러 장짜리 프로젝트에 사용하기에는 비용이 많이 드는 기술이다 든다. 정교한 세부사항과 작은 글을 인쇄하기에는 훌륭하다.

스크린 인쇄

세리그래피(serigraphy)나 실크 스크린 인쇄라고도 하는 이 방법은 천 스크린에 모양을 넣고 고무 주걱을 이용해서 종이와 천, 유리, 플라스틱, 금속을 포함해 다양한 밑판에 잉크를 밀어 넣는다. 작은 글과 상세한 그림은 잘 나오지 않을 것이므로 이 기법은 글이 많고 삽화가 세밀한 책에는 그다지 사용하지 않는다. 전문 인쇄소에서는 대부분 기계 장비를 사용하지만, 손쉽게 이용할 수 있는 도구와 용품으로도 엄청나게 다양한 아마추어 방식을 조합할 수 있다. 이런 이유로 독립 발행인은 스크린 인쇄를 가장 좋아한다. 이 기법은 노동집약적이지만 인쇄 과정에 물리적으로 참여할 수 있다.

디지털 인쇄 또는 주문형 출판

인쇄기 드럼이 디지털 파일을 전자공학적으로 직접 해석하기 때문에, 준비 시간을 최소로 줄이면서 수많은 페이지를 빨리 인쇄할 수 있어서 단기 작업을 경제적으로 실행할 수 있다. 디지털 인쇄는 잉크 기반이 아니라 토너 기반이기 때문에 접은 부분 주위가 벗겨질 수 있다. 오프셋 인쇄보다 저렴하지만, 품질이 다양하므로 인쇄물 견본을 요청하자. 색상과 전반적인 수준이 기대를 충족하도록 전 작업을 진행하기에 앞서 교정쇄를 꼭 점검하자.

오프셋 인쇄

상업적인 인쇄물을 만들 때 가장 많이 사용하는 표준 인쇄 방식이다. 잉크별로 평판을 만들어서 롤러에 전사하면 롤러가 잉크를 종이에 옮긴다. 오프셋 방식은 인쇄 품질이 균일하기로 유명하다. 이 방식은 수량이 클 때 매우 잘 맞는다. 인쇄용 판을 준비하는 데는 비용이 많이 들지만, 책을 많이 인쇄할수록 이 비용을 분산할 수 있다. 도시가 그다지 크지 않더라도 대부분은 인쇄소가 서너 곳 정도 있으므로 그중에 선택할 수 있다. 평판을 만들기 전에 교정쇄를 검토하고, 감리를 본 다음 최종 인쇄 작업을 승인하는 것이 일반적인 관습이다.

제본 유형

낱장을 묶어서 책으로 만드는 방법은 많다. 제본 물질로는 접착제와 철심, 실 등이 있다. 더 복잡하게 제본할 때는 여러 가지 물질을 사용할 수도 있다. 인쇄 공정을 선택할 때처럼 독립 서적을 어떻게 제본할지 결정하는 일은 비용과 실용성, 내구력에 영향을 받을 것이다. 책은 얼마나 두꺼운가? 완전히 펼 수 있어야 하는가? 제본이 단가에 어떻게 영향을 미칠까?

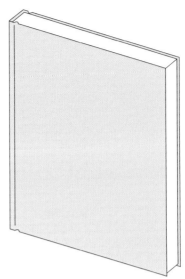

양장
페이지를 접장으로 만드는데, 실로 꿰맨 다음 거즈 테이프를 붙여서 유연하고 튼튼하게 한다. 접장 덩어리를 다듬고 면지를 이용해서 표지에 붙인다. 표지를 단 책은 평평하게 펼 수 있고 내구성이 매우 좋다.

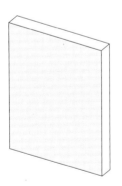

풀매기
제본 면을 따라 낱장들을 풀로 붙인다. 그다음 표지를 둘러서 붙인다. 종이 절단기를 사용할 수 있거나 기계로 자른 책장을 이용해서 작업하고 있다면 소량은 손으로도 제작할 수 있다.
풀매기로 제본한 책은 평평하게 펼 수 없다.

테이프 제본
표지와 내지를 모아서 열 감지 접착제 처리를 한 천 테이프로 감싼다. 열을 가하면 접착제가 내지와 표지에 달라붙는다. 테이프로 제본한 책은 평평하게 펼 수 있다.

평철 제본
내지와 표지를 앞부터 뒤까지 철심으로 박는다. 제본한 부분이 책 가장자리를 침범하기 때문에, 책이 작으면 양쪽 페이지가 겹치는 부분에서 시각 자료를 크게 잃어버릴 것이다. 이 제본 방법이 실용성적인지는 책 두께에 달려있다. 평철 제본한 책은 평평하게 펼 수 없다.

중철 제본
표지와 내지를 접어서 철심을 박는다. 책 전체를 반으로 접기 때문에 중철 제본을 효과적으로 할 수 있는 두께는 최대가 반 인치 정도다. 중철 제본한 책은 평평하게 펼 수 있으며 기계를 이용하거나 목이 긴 스테이플러를 이용해서 저렴하게 제작할 수 있다.

팸플릿 제본
이 기술은 중철 제본과 비슷하다. 표지와 내지를 함께 실로 꿰매서 묶는다. 매듭과 실 끝자락은 보이는 채로 남겨둔다. 손을 사용하는 이 공정은 보통 36쪽 이하 발행물을 소량으로 제작할 때 쓴다. 팸플릿 제본을 하면 책을 평평하게 펼 수 있다.

나사 제본
표지와 속지에 구멍을 낸 다음 제본용 나사 쌍으로 묶는다. 그다음 표지를 되돌려 접어서 나사를 숨긴다. 속지는 쉽게 추가하거나 뺄 수 있다. 책은 반드시 손으로 조립해야 한다. 나사 제본한 책은 평평하게 펼 수 없다.

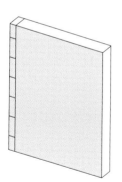

선장 제본
일본식 선장 제본이라고도 부른다. 책등과 옆면에 실이 보이도록 책장을 꿰맨다. 이 제본 방식은 양쪽 페이지가 겹치는 부분이 넓으므로 디자인할 때 이점을 고려해야 한다. 선장 제본한 책은 평평하게 펼 수 없다.

스프링 제본
기계로 책장에 구멍을 여러 개 뚫은 다음, 책등을 따라 스프링을 감아올린다. 스프링 제본한 책은 평평하게 펼 수 있다.

플라스틱 빗 제본
제본 방식을 통틀어서 가장 끔찍하며 절대 사용하면 안 된다. 플라스틱 빗은 흉측하고 책도 평평하게 펼 수 없다.

상업 인쇄 서비스 이용하기

탁상용 프린터나 (감자 활자, 고무도장 같은) 다른 DIY 기술을 사용해서 책을 직접
인쇄하지 않기로 했다면, 상업 인쇄소를 이용해야 한다. 여기서는 이용할 수 있는 시비스의 유형
몇 가지를 간략하게 소개한다.

주문형 출판 (POD) 서비스는 책을 한꺼번에
많이 인쇄할 형편이 안 될 때 유용하다. 다양한 회
사가 저자 및 출판사와 일하면서 고객이 주문했을
때만 책을 인쇄하고 제본한다. 대량생산한 책보다
단가는 훨씬 높을 것이지만 시작할 때는 자본이 많
이 필요하지 않을 것이다. 실제로 일부 회사는 기본
적인 서비스를 무료로 제공한다. 여러분은 책을 주
문할 때만 돈을 내며, 최소 주문 수량도 없다.

경고하건대, 규모의 경제가 불리하게 작용하므로
주문형 출판으로 이윤을 크게 남기기란 거의 불가
능하다. POD로 출판한 책은 대개 원가가 지나치게
높으므로 서점에 유통할만한 제품은 못 되는데, 유
통업체와 서점에서도 기본 단가 외에 상당한 금액
을 더해야 하기 때문이다. (도서 유통에 관해서는
아래를 참고하자). 하지만 핵심 독자를 위해 책을
소량 제작할 방법을 찾는다면, POD는 훌륭한 시

미국의 출판 서비스

룰루는 인터페이스가 사용자 친화적이고 판
형이 매우 다양하며, 무료다. 최소 주문 수
량이 없으며, 인쇄 품질이 준수하다. 기본
적인 디자인 실력은 필요한데, 여러분은 책
을 직접 디자인하고 편집해서 PDF로 올려
야 할 것이다.

페덱스(FedEx)/킨코스(Kinko's)를 비
롯하여 다른 복사 가게는 중요한 POD 서비
스 제공업체로 진화했다. 가까운 가게를 방
문해서 현장 인쇄 및 제본 선택지를 전부 살
펴보자. 중철 제본과 풀매기 제본이 특히 유
리하다.

블러브(Blurb)는 자사가 보유한 북 디자인
소프트웨어를 이용자한테 무료로 제공하기
때문에, 페이지 레이아웃 프로그램이나 엄
청나게 전문적인 기술은 필요 없다. 그 결과
탄생한 디자인은 다소 빈약하고 규격화된
방식으로 매력적이다. (지면 배치와 조판을

더 조절하고 싶다면, 블러브에서 제공하는
레이아웃 소프트웨어를 사용하는 대신
JPEG 파일을 올릴 수 있다.)

북서지는 아마존의 자회사로 POD 서비스
를 전문으로 한다. 북서지는 저자와 발행인
모두에게 서비스를 제공한다. 그러나 사용
자 계정을 만들고 공정을 시작하는 데 수수
료를 부과한다. 수수료에는 ISBN 비용도
들어있는데 이 ISBN은 북서지가 소유할 것
이다. ISBN은 여러분이 가진 것을 제공해
도 된다. 북서지에서 나온 책은 전부 아마존
에서 판매한다.

여러 자비 출판 회사는 디자인과 편집, 인
쇄, 유통을 포함한 서비스 비용을 저자에게
부과한다. 어떤 경우에는 출판 대행업체에

서 완성한 책에 대한 권리(책 내용에 대한 권
리는 아니다)를 가져가고, 자기네 출판사 이
름을 달아서 책을 발행한다. 다른 경우에는
업체에서 책을 제작하기만 한다. 저자가 공
식적인 발행인이며 모든 권리를 갖는 것이
다. 적절한 서비스를 찾으려면 모든 동의 사
항을 꼼꼼히 읽어야 하며, 견본 발행물도
항상 살펴보자. 자비 출판 서비스는 인터넷
을 검색하면 쉽게 찾을 수 있다. 몇 곳을 언
급하자면 아이유니버스(iUniverse), 아서
하우스(AuthorHouse), 도그 이어 퍼블
리싱(Dog Ear Publishing)이 있다.

> 국내에서는 교보문고에서 대표적으
> 로 POD 서비스를 제공하며, 기타
> 포털 사이트에 "자비 출판"을 검색하
> 면 여러 회사들이 나온다.

스템인데, 최신 유행에 더 밝고 새로운 회사들이 시장에 진입하면서 더 널리 사용되고 있기 때문이다.

통상적인 인쇄를 하려면 상당한 수량(1천 부 이상)에 해당하는 책을 사전에 제작해야 한다. 여러분이 부담하는 비용은 크기와 제본 방식, 쪽 수, 색 사용, 종이 종류, 그림 수를 비롯한 여타 요인에 따라 다양할 것이지만, 책 사양이 어떻든 여러분은 꽤 상당한 돈을 선지급해야 할 것이다. 인쇄 부수를 늘리면 책의 단가는 줄어들겠지만, 초기 투자금은 늘어날 것이다. 이 원칙을 '규모의 경제'라고 부르며, 모든 대량 생산을 뒷받침하는 핵심 아이디어가 된다.

상업적인 오프셋 인쇄소는 전국 곳곳에 있다. 디자이너는 보통 인쇄소 서너 곳에 프로젝트를 자세히 설명하고 견적을 의뢰할 것이다. 여러분은 다른 예술가나 디자이너, 작가와 이야기를 나누면서 입소문을 통해 인쇄소를 찾거나 온라인에 접속하여 출판 관련 커뮤니티를 알아보거나 소셜 미디어에서 검색을 해볼 수도 있다. 물론 전화번호부를 열 수도 있다. 아시아를 비롯한 세계 여러 지역에 있는 공장을 포함해서, 매우 다양한 인쇄 회사와 관계를 맺고 있는 중개업체를 이용할 수도 있다. 만약 장기적으로 책을 통해서 상당한 이윤을 얻고 싶다면, 통상적인 인쇄 방식을 선택해야 한다.

견적 의뢰하기

상업적인 인쇄소를 이용한다면 견적을 의뢰할 때 다음 세부 내용을 제공하자:

수량. 수량 범위에 따른 가격을 물을 수 있다. 예를 들면 1,000부/2,000부/5,000부처럼 말이다. 수량이 늘어날수록 단가는 줄어들 것이다.

시기. 다음 주에 열리는 전시회에 사용할 책이 필요한가? 현실을 직시하자. 인쇄란 준비하고 시행하는 데 시간이 걸리는 물리적 과정이다.

재단 크기. 페이지의 바깥치수는 얼마인가? 인쇄기 크기와 인쇄용지에 따라서 어떤 규격은 다른 것보다 더 경제적일 것이다.

페이지 수. 책이 몇 페이지나 될 것인가? 중철 제본이나 실 제본할 때처럼 페이지를 접어서 책을 만든다면, 페이지 수를 4의 배수로 맞춰야 한다. 중요한 발행물은 16의 배수로 하는 것이 가장 흔하다. 풀매기 제본이나 스프링 제본을 하는 책은 2의 배수로 맞춰야 한다.

색상 수. 풀컬러 사진은 인쇄 원색 4가지(청록, 자홍, 노랑, 검정)로 인쇄한다. 책은 검정 잉크만 사용하거나 별색(CMYK를 제외한 잉크 색상)을 하나 이상 사용해서 인쇄할 수도 있다.

삽화 수. 여러분 프로젝트에는 이미지가 몇 개 있으며, 그 크기는 대략 어느 정도인가(전면인가, 1/4면인가, 그 밖인가)?

인쇄용지. 여러분이 이용하는 인쇄소는 저렴한 인쇄용지를 구비하고 있을지도 모르며, 여러분이 작업하고 싶은 특별한 종이가 있을 수도 있다.

표지. 양장본인가? 보급판인가? 중철 제본인가?

제본. 어떤 제본 기법은 인쇄소와는 별개 공장인 제본소에서 서비스를 제공할 수도 있다. 그러면 생산 일정이 며칠 늘어날 수 있다.

특별 공정. 추가 요금을 내면 (금속성) 특수 잉크를 사용하고, 유광 코팅을 하고, 박을 입히고, 따내기를 할 수 있다.

오프셋과 디지털 인쇄

상업 인쇄는 대부분 잉크와 평판을 사용하는 오프셋 인쇄나 토너를 기반으로 하는 디지털 인쇄를 이용한다. 이런 기법은 흔히 몇백 부가 넘는 프로젝트에 사용한다. 상업 인쇄소를 이용하려면, 디자이너나 발행인은 파일을 꼼꼼하게 준비하고 의견을 명확하게 전달함으로써 제조과정에서 나오는 실수를 막아야 한다. 인쇄에 혼란이 발생하는 이유는 대부분 디자이너가 잘못되거나 불완전한 파일을 건네고 모호하게 지시를 내렸기 때문이다.

잉크 선택하기

초기에 내려야 하는 중요한 결정은 여러분 책에 몇 가지 색을 인쇄해야 할 것인가이다. 소설이나 비문학 작품은 대개 검은색만 필요하지만, 풀컬러 이미지가 있는 책이라면 적어도 4가지 색이 필요할 것이다. 인쇄 원색 또는 CMYK라고 알고 있는 청록, 자홍, 노랑, 검정은 풀컬러 이미지를 만드는 데 사용되지만 여러분이 사용할 수 있는 색상이 이것 뿐이다.

'별색'이라고 부르는 특수 색상은 수없이 다양한 분위기와 효과를 자아내는데, 화려하며 다른 방식으로는 얻을 수 없다. 별색은 보통 팬톤 매칭 시스템(Pantone Matching System, PMS)이라고 하는 표색계에서 원하는 색을 선택한다(팬톤 이외에 DIC라는 브랜드도 있음). 팬톤 견본책을 사용해서 특정 색을 선택한 다음 그것을 특수 코드로 식별한다. PMS 도서관에는 (코팅 안 한 것, 코팅한 것, 금속성을 띠는 것 등) 책이 여러 가지 있으므로, 파일에서 색을 특정할 때는 정확한 책을 이용해야 한다. 변색은 전부 디자인 문서에 특수 색상으로 표시해야 하는데, 그래야 문서를 잉크별로 하나씩 별개의 인쇄판에 분리할 수 있다. 인쇄소에서 참고할 수 있도록 문서를 인쇄해서 색 견본을 붙이는 것도 좋은 생각이다.

디지털 인쇄에서는 대개 4색만 사용한다. 별색은 그에 상응하는 CMYK로 대체될 것이다.

인쇄용지 고르기

종이는 두 가지로 분류할 수 있다. 코팅해서 표면이 매끄럽고 때로는 광택이 나는 것과 코팅하지 않아서 마감이 더 부드러운 것이다. 선택하는 데 도움이 필요하다면, 견본책을 요청해서 여러분이 상상했던 모습에 어울리도록 종이의 무게와 표면 재질, 색을 고르자. 견본책은 종이 판매회사나 여러분에게 종

이를 확보를 책임져줄 인쇄소를 통해 구할 수 있다. 책에 사용할 인쇄용지와 제본 방식을 잠정적으로 찾았다면, 견본을 물리적으로 만들어서 손에 쥐어 보는 것이 전문적으로 최종 결정을 내리는 데 도움이 될 것이다. 종이 모형이란 제작하려는 책 사양(페이지 수, 크기, 본문 종이, 표지 종이)을 적용해서 내용은 비운 채로 제본한 견본이다. 종이 모형은 자칫 모르고 넘어갈 수도 있는 물리적인 문제를 보여준다. 인쇄용지는 촉감이 어떤가? 표지와 내지 무게가 충분히 대비되는가? 책을 폈을 때 열린 채로 있는가, 닫히는가?

파일 형태

사진과 같은 이미지는 TIFF 파일로 저장해서 제대로 분리해야 한다. 로고나 도표 같은 벡터(vector) 이미지는 EPS 파일로 저장해야 한다. 웹에서는 보통 JPEG와 GIF, PNG 파일을 사용하지만 인쇄하기에는 적합하지 않다. TIFF 파일로 변환하자.

이미지와 그래픽

문서에 넣은 이미지나 그래픽은 전부 고해상도 파일로 인쇄소에 제공해야 한다. 사진은 최소 300dpi, 선화는 900~1200dpi여야 한다. 이미지는 포토샵에서 해상도를 높여야 한다는 점을 염두에 두자. 그렇지 않으면 '확대' 해봐야 이미지가 흐릿해지기만 할 것이다. 때로는 파일이 커서 컴퓨터가 멈추는 일을 막기 위해 저해상도 파일을 임시로 문서에 넣기도 한다. 문서를 인쇄해서 교정할 때는 사진이 보이는 자리에 '지면 배치용'이라고 표시해두자. 이 표시는 인쇄소에 파일을 보내기 전에 이미지를 고해상도 파일로 교체해야 한다는 의미이다.

결전의 날: 최종 파일 전송하기.

아담한 데스크톱 컴퓨터로 파일을 준비하느라 며칠, 몇 주, 심지어 몇 년을 보냈다면, 이제 책을 인쇄소로 보낼 때다. 서두르지 말자! 이 중요한 단계에서는 큰 실수를 저지르기 쉽다.

1. 디자이너가 인쇄소로 파일을 방출한다.
페이지 레이아웃 프로그램은 대부분 디자인 파일과 그림, 표를 포함하여 여러분이 작업을 수행할 때 필요한 요소와 호환되는 기능이 있다. 인쇄소가 고해상도 PDF로 작업길 선호한다면, 사양에 맞춰서 (예를 들면 도련과 재단선을 표시해서) 파일을 준비하자.

다른 사람이 참고할 수 있도록 출력해서 교정을 본 원고를 늘 동봉하자. 별색과 특별히 주의를 기울여야 하는 이미지, 그밖에 설명해야 할 듯한 요소가 있다면 전부 표시하자. 포스트잇은 제거하거나 잃어버릴 수도 있으니 교정 표시에 분명하고 명확하게 쓰자.

2. 인쇄소가 파일을 준비한다.
파일을 받았다면, 인쇄소는 파일을 인쇄기에 맞춰 준비하고, 잠재적인 문제를 점검하고, 문서를 프린터 스프레드로 설정할 것이다. (이렇게 하면 출력물을 접고 자르고 제본했을 때 순서와 방향이 정확할 것이다).

3. 교정쇄
인쇄소에서는 작업물을 인쇄하기에 앞서 점검용으로 교정쇄를 제공할 것이다. 상황에 따라서 여러분은 두 가지 교정쇄를 받아야 한다. 컬러 교정쇄는 색이 인쇄물에서 어떻게 나타날지 가능한 한 자세히 모의실험하기 위해 만든다. 파란선 또는 내용 교정쇄는 글과 교차점, 페이지 순서를 점검하기 위한 것이다.

신중하게 점검하자. 이미지는 전부 깔끔하고 명확하게 보이는가? 글은 지면에 맞게 재배열하거나 움직였는가? 글꼴은 정확하게 적용했는가? 다시 말하지만, 두 교정쇄에 분명하고 명확하게 쓰자. 시기적절하게 교정쇄를 인쇄소에 다시 보내고 바뀐 부분을 어떻게 승인하고 싶은지 이야기하자. 사소한 편집을 승인하는 데는 PDF만 필요할 수도 있다. 더 중대한 변경 사항은 디자이너가 새 페이지 레이아웃 파일을 이용해서 반영해야 한다. 새로운 교정쇄들이 또 순서를 기다리고 있을지 모르며 그러면 필시 돈을 더 내야 할 것이다.

4. 감리
상황과 능력에 따라서 인쇄소에 감리를 보러 갈 계획을 세우자. 색상에 맞춰 인쇄기를 조정하고 사소한 결함을 해결하고 나면, 여러분은 출력물을 승인해 달라고 요청받을 것이다. 사소한 색 조정은 인쇄기로도 할 수 있다.

완벽한 파일 관리 실천하기

폴더 깔끔하게 유지하기
문서 이름을 '최종_최종_인쇄용'처럼 짓지 말자. 어떤 폴더는 가장 최신 레이아웃 문서만 있는 상태로 유지하자. 오래된 버전은 참고용으로 보관하자. 혼동을 막기 위해 이런 오래된 문서에는 버전을 표시해두자 (예. V1, V2). 모든 삽화를 포함해서 링크를 담아두는 폴더와 레이아웃 문서에는 안 나오지만, 책과 관련 있는 중요한 파일을 담아두는, 자료용 폴더를 만들자.

모든 이미지는 300DPI, CMYK로 준비하기
모든 이미지는 인쇄 해상도가 100%에서 300dpi여야 한다. 컬러 파일은 전부 CMYK로 꼭 변환하자.

사용하지 않은 변색은 삭제하기
문서에 들어가긴 했지만 더는 사용하지 않는 변색은 꼭 삭제해서 혼동을 피하자.

페이지 수 이중 체크 하기
접지하는 책 대부분은 16의 배수로, 풀매기나 용수철, 평철 제본처럼 한 페이지씩 제본하는 책은 2의 배수로 작업해야 한다.

교정 및 맞춤법 점검하기
오자나 비문을 찾기 위해 문서를 두 번 세 번 점검하자. 페이지 레이아웃 프로그램에 들어있는 맞춤법 검사 기능을 꼭 실행하자.

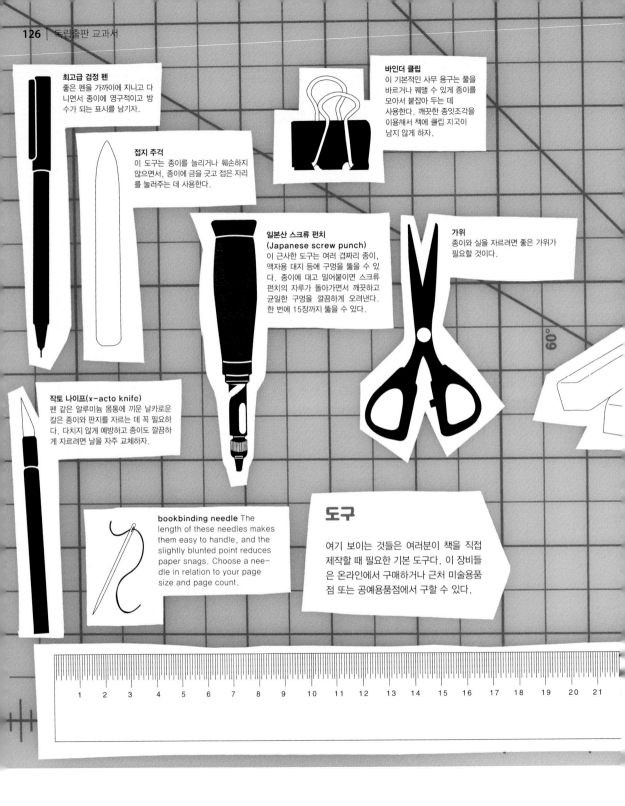

최고급 검정 펜
좋은 펜을 가까이에 지니고 다니면서 종이에 영구적이고 방수가 되는 표시를 남기자.

바인더 클립
이 기본적인 사무 용구는 풀을 바르거나 꿰맬 수 있게 종이를 모아서 붙잡아 두는 데 사용한다. 깨끗한 종잇조각을 이용해서 책에 클립 자국이 남지 않게 하자.

접지 주걱
이 도구는 종이를 늘리거나 훼손하지 않으면서, 종이에 금을 긋고 접은 자리를 눌러주는 데 사용한다.

일본산 스크루 펀치 (Japanese screw punch)
이 근사한 도구는 여러 겹짜리 종이, 액자용 대지 등에 구멍을 뚫을 수 있다. 종이에 대고 밀어붙이면 스크루 펀치의 자루가 돌아가면서 깨끗하고 균일한 구멍을 깔끔하게 오려낸다. 한 번에 15장까지 뚫을 수 있다.

가위
종이와 실을 자르려면 좋은 가위가 필요할 것이다.

작토 나이프(x-acto knife)
펜 같은 알루미늄 몸통에 끼운 날카로운 칼은 종이와 판지를 자르는 데 꼭 필요하다. 다치지 않게 예방하고 종이도 깔끔하게 자르려면 날을 자주 교체하자.

bookbinding needle The length of these needles makes them easy to handle, and the slightly blunted point reduces paper snags. Choose a needle in relation to your page size and page count.

도구

여기 보이는 것들은 여러분이 책을 직접 제작할 때 필요한 기본 도구다. 이 장비들은 온라인에서 구매하거나 근처 미술용품점 또는 공예용품점에서 구할 수 있다.

60°

1 2 3 4 5 6 7 8 9 10 11 12 13 14 15 16 17 18 19 20 21

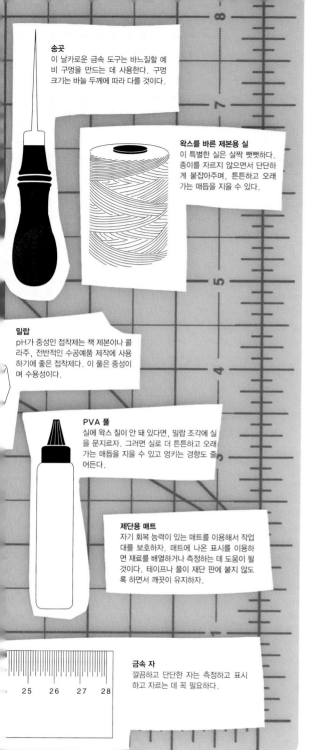

송곳
이 날카로운 금속 도구는 바느질할 예비 구멍을 만드는 데 사용한다. 구멍 크기는 바늘 두께에 따라 다를 것이다.

왁스를 바른 제본용 실
이 특별한 실은 살짝 뻣뻣하다. 종이를 자르지 않으면서 단단하게 붙잡아주며, 튼튼하고 오래가는 매듭을 지을 수 있다.

밀랍
pH가 중성인 접착제는 책 제본이나 콜라주, 전반적인 수공예품 제작에 사용하기에 좋은 접착제다. 이 풀은 중성이며 수용성이다.

PVA 풀
실에 왁스 칠이 안 돼 있다면, 밀랍 조각에 실을 문지르자. 그러면 실로 더 튼튼하고 오래가는 매듭을 지을 수 있고 엉키는 경향도 줄어든다.

제단용 매트
자기 회복 능력이 있는 매트를 이용해서 작업대를 보호하자. 매트에 나온 표시를 이용하면 재료를 배열하거나 측정하는 데 도움이 될 것이다. 테이프나 풀이 재단 판에 붙지 않도록 하면서 깨끗이 유지하자.

금속 자
깔끔하고 단단한 자는 측정하고 표시하고 자르는 데 꼭 필요하다.

핸드메이드 책

– 비비아나 코르도바(Viviana Cordova),
 다니엘 데이비스(Danielle Davis), 임현수

핸드메이드 책은 한정적으로 배포하려고 디자인하는 것이므로 제작 부수가 소량일 때 매우 좋다. 예술가나 디자이너는 수공예로 만든 책을 훌륭한 포트폴리오로 사용할 수 있는데, 제작 기술을 뽐내면서 그 안에 수록한 작품을 우아하게 선보일 수 있다. 북아트와 소량 제작하는 시집은 손으로도 아름답고 효율적으로 만들 수 있다. 작가는 종종 인쇄업자, 디자이너, 북 아티스트와 합작하여 문학책을 호화판으로 제작한다.

다음 페이지들에서 설명한 기법을 이용해서 예술가적 면모를 발휘하고, 동시에 제본 방법에서 종이와 실 등을 선택하는 일까지 프로젝트의 모든 면을 통제하자.

간단한 프로젝트에서 시작해서 더 어려운 프로젝트로 발전해 나가자. 접은 책은 바느질이나 풀칠이 필요 없다. 이런 단순한 책은 상대적으로 빨리 만들 수 있다. 바느질한 책은 바늘과 실이 필요하지만, 페이지 크기와 수에 따라서 융통성을 발휘해야 한다. 표지가 흥미롭고 면지가 고급스러우며 더 복잡한 책을 만들려면 풀도 조금 추가해야 한다.

SEVEN VICES

20~25분

난이도

도구

+거즈 테이프 약간

종이 선택
이 프로젝트에서는 무게가 중간 정도인 종이를 고른다. 종이가 너무 무거우면 접은 부분을 잘 붙들어 맬 수 없을 것이다.

접착제 미사용
이 방법은 접착제가 필요 없다! 거즈 테이프를 조금 사용해서 내지를 표지에 붙인다.

프랑스식 접기(French fold)
접은 면이 책 안쪽이 아니라 바깥쪽 가장자리로 가도록 종이를 접는다.

동그란 아코디언 책

동그란 아코디언은 훌륭한 공책, 전시회 카탈로그, 사진집이 된다. 이 기법은 시도하기 쉬운데 접어서 붙이는 방법이 간단하기 때문이다.

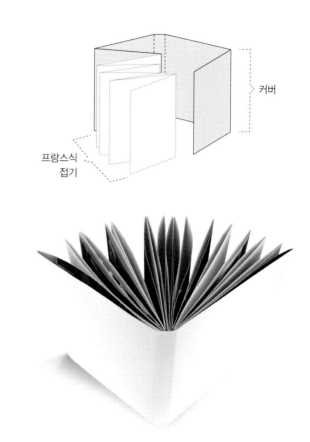

커버

프랑스식
접기

1. 종이 자르기
커다란 종이를 기다란 조각 5개로 똑같이 자른다. 이 예에서는 각 조각이 6 x 22 인치다. 표지로 사용할 종잇조각 하나를 고른다. ½인치를 잘라내서 표지 조각을 6 x 21½인치로 만든다.

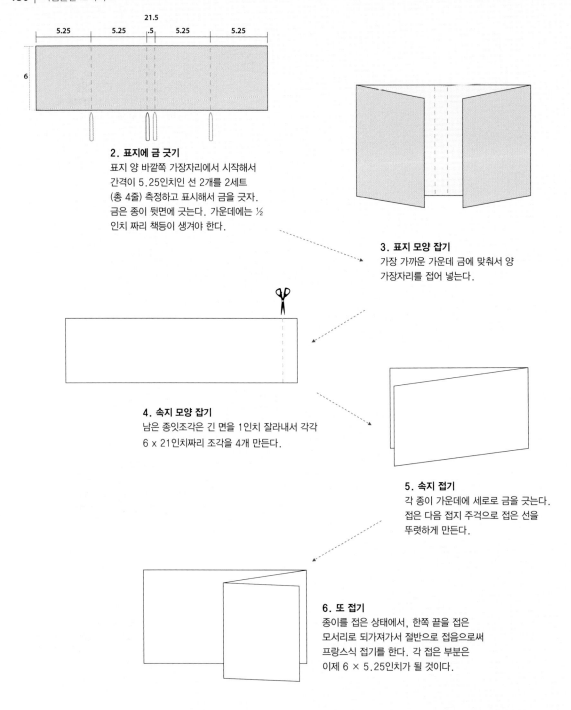

2. 표지에 금 긋기
표지 양 바깥쪽 가장자리에서 시작해서
간격이 5.25인치인 선 2개를 2세트
(총 4줄) 측정하고 표시해서 금을 긋자.
금은 종이 뒷면에 긋는다. 가운데에는 ½
인치 짜리 책등이 생겨야 한다.

3. 표지 모양 잡기
가장 가까운 가운데 금에 맞춰서 양
가장자리를 접어 넣는다.

4. 속지 모양 잡기
남은 종잇조각은 긴 면을 1인치 잘라내서 각각
6 x 21인치짜리 조각을 4개 만든다.

5. 속지 접기
각 종이 가운데에 세로로 금을 긋는다.
접은 다음 접지 주걱으로 접은 선을
뚜렷하게 만든다.

6. 또 접기
종이를 접은 상태에서, 한쪽 끝을 접은
모서리로 되가져가서 절반으로 접음으로써
프랑스식 접기를 한다. 각 접은 부분은
이제 6 × 5.25인치가 될 것이다.

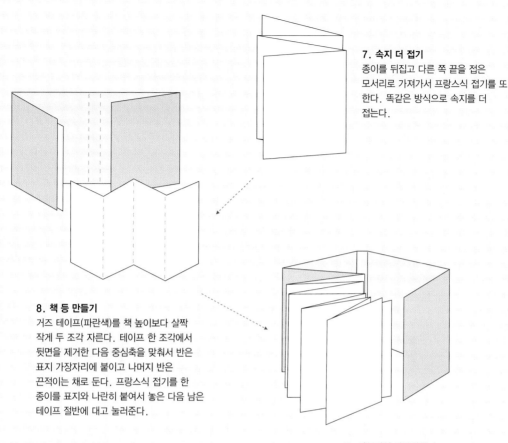

7. 속지 더 접기
종이를 뒤집고 다른 쪽 끝을 접은 모서리로 가져가서 프랑스식 접기를 또 한다. 똑같은 방식으로 속지를 더 접는다.

8. 책 등 만들기
거즈 테이프(파란색)를 책 높이보다 살짝 작게 두 조각 자른다. 테이프 한 조각에서 뒷면을 제거한 다음 중심축을 맞춰서 반은 표지 가장자리에 붙이고 나머지 반은 끈적이는 채로 둔다. 프랑스식 접기를 한 종이를 표지와 나란히 붙여서 놓은 다음 남은 테이프 절반에 대고 눌러준다.

9. 아코디언 마무리하기
마지막 하나가 남을 때까지 계속 테이프를 바르고 속지를 붙인다. 첫 번째 속지를 붙였던 것과 같은 방법으로 마지막 속지를 표지 뒤쪽 가장자리에 테이프로 붙인다.

7개의 악덕(Seven Vices)
이 책은 설치 미술을 기록하려고 만들었다. 책을 만듦으로써 예술가는 이 일시적인 전시를 영원히 기록할 수 있다. 디자인은 비비아나 코르도바 작.

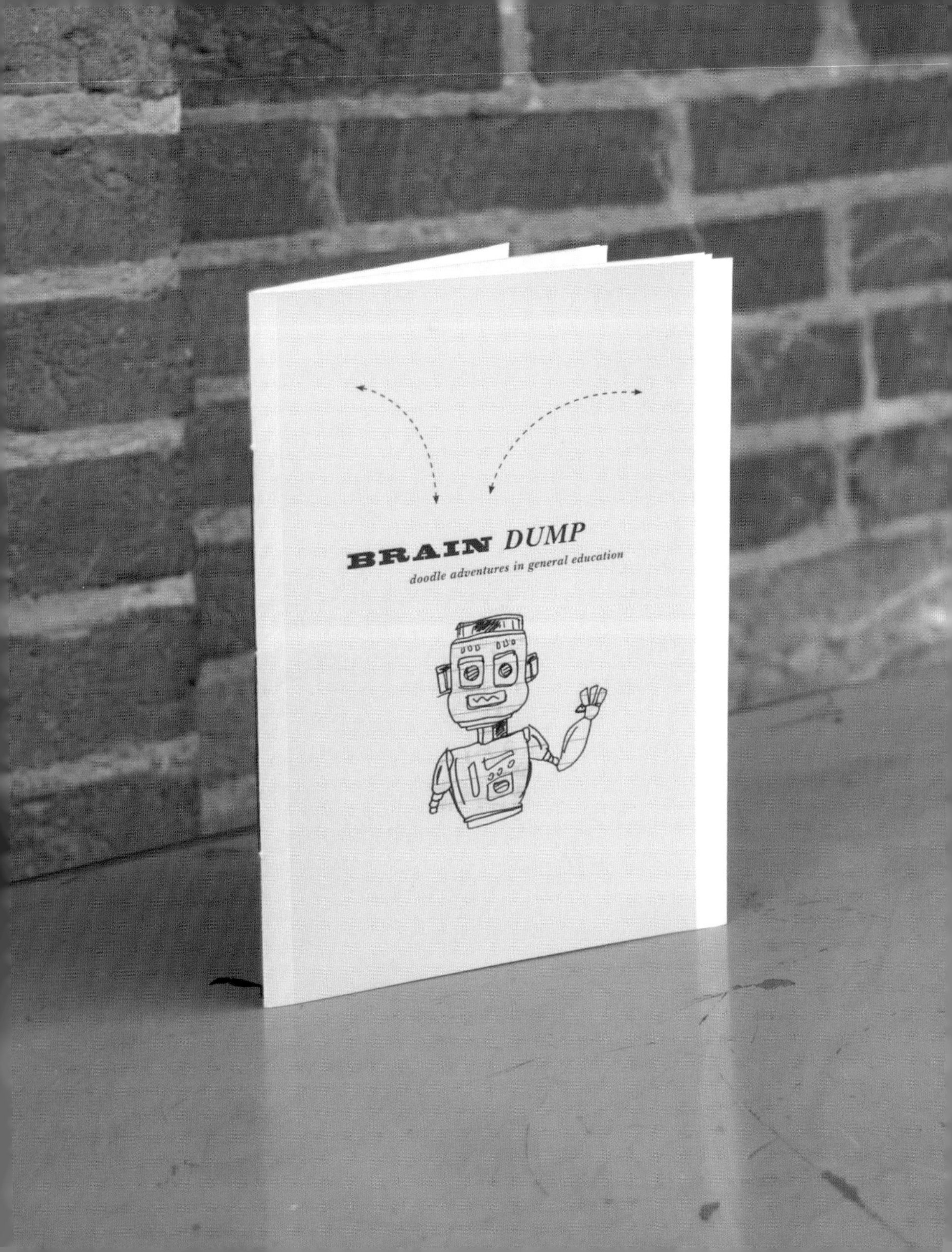
BRAIN DUMP
doodle adventures in general education

15~20분

 난이도

단일 접장 팸플릿

팸플릿 제본은 가장 간단하고 응용이 자유로운 책 제본 기술이다.
팸플릿 제본은 구멍 세 개를 활용해서 접장을 표지에 붙인다.
팸플릿이 크다면 구멍을 다섯 개 사용해서 안전성을 높일 수 있다.

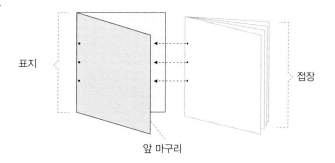

표지

접장

앞 마구리

tools

종이 선택
속지 용으로는 무게가 중간 정도인
종이를, 표지용으로는 더 무거운 판지를
사용한다.

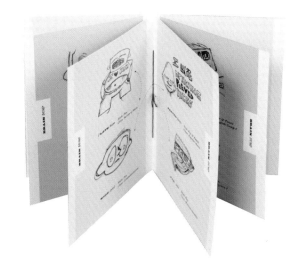

앞 마구리
표지의 바깥쪽 가장자리로 손이 가장
많이 간다. 앞 마구리가 튼튼할수록
속지를 보호하는 데 도움이 된다.

접장
책 내지를 만들기 위해 접은 종이를
둘에서 여덟 장까지 포갠 것.

표지 만들기
표지용 종이를 적절한 크기로 자르고 가운데에
세로로 금을 긋는다. 표지는 속지보다 1/8인치
클 수도 있고 똑같을 수도 있다. 부드럽게 접어
서 표지 모양을 잡자.

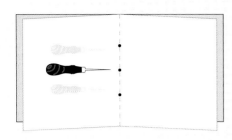

1. 구멍 뚫기
속지를 접어서 표지 안에 놓는다. 책등 가운데에 구멍을 내면서, 속지까지 한꺼번에 전부 뚫는다. 송곳을 이용해서 가운데 구멍으로부터 똑같이 떨어진 곳에 구멍을 두 개 더 뚫는다 (그러면 구멍이 총 3개가 된다).

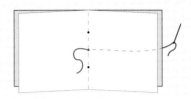

2. 바느질 시작하기
책 높이보다 3배 길게 실을 자른다. 실을 바늘에 꿰고 바느질을 시작하는데, 가운데 구멍부터 속지와 표지 안쪽에서 바깥쪽으로 꿰맨다. 마지막 단계에서 매듭을 지을 수 있을 만큼 실 꼬리를 남겨준다.

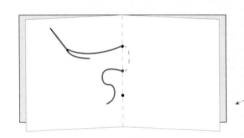

3. 가운데에서 꼭대기로
가운데 구멍으로 나온 바늘을 꼭대기 구멍 바깥쪽에서 넣은 다음 실이 표지와 속지를 통과하게 잡아당긴다. 바늘은 접장 안쪽으로 나올 것이다.

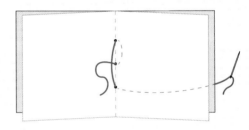

4. 꼭대기에서 바닥으로
꼭대기 구멍으로 나온 바늘은 가운데 구멍을 건너뛰고 바닥 구멍으로 넣는데, 접장 안쪽에서 표지 바깥쪽으로 넣는다.

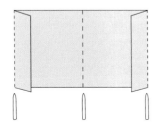

표지 강도
표지 앞 마구리는 더욱 튼튼하게 만들 수 있는데, 양 바깥쪽 가장자리를 따라서 세로로 좁게 접는 부분을 만들면 된다. 접는 부분을 넣을 수 있게 표지 너비를 1인치 크게 자른다. 오른쪽과 왼쪽 가장자리에서 똑같이 떨어진 자리에 금을 그어서 접는 선을 만든 다음, 그 선을 따라 부드럽게 접는다. 원한다면 접은 부분을 풀로 붙인다.

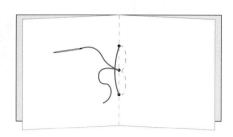

5. 바닥에서 가운데로
바닥 구멍으로 나온 바늘을 바깥에서 접장 안쪽을 향해 다시 가운데 구멍으로 넣는데, 바늘과 실이 이미 있던 실에 걸리지 않도록 주의한다.

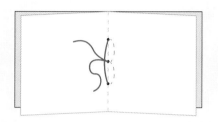

6. 팽팽하게 당기기
가운데 구멍을 통과했으면 바늘을 떼고 두 실 끝을 부드럽게 잡아당겨 팽팽하게 만든다. 실 끝을 이미 있는 기다란 바늘땀에 둘러서 매듭을 짓는다.

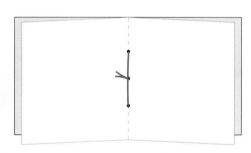

7. 잘라내기
필요하면 책을 다시 묶을 정도만 남기고 남는 실을 자른다. 끝매듭이 책등 표지에 보이게 하고 싶다면 바느질을 접장 안부터가 아니라 표지 밖부터 한다.

뇌 쓰레기장(Brain Dump). 이 책은 대학교 강의 시간에 그렸던 낙서로만 구성했다. 각 그림은 낙서를 휘갈겼던 일반교양 시간에 따라 분류한다. 디자인은 다니엘 데이비스 작.

VECTOR

25~40분

난이도

도구

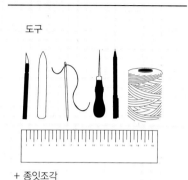

+ 종잇조각

다중 접장 팸플릿

접장이 여러 개인 책을 만들 때는, 각 접장 부분을 표지의 책등에 직접 꿰맨다. 접장 부분이 많을수록, 책등이 넓어야 책을 평평하게 펼 수 있다.

표지

접장 여러 개

책등

접장 한 개

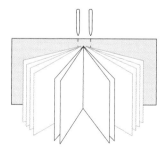

1. 표지 만들기

표지를 만들기 위해, 접은 접장들을 층층이 쌓아서 두께를 측정한다. 이 치수는 책등 너비를 결정할 것이다. 이 프로젝트는 종이를 네 장씩 접은 세트가 세 개이므로 접은 종이는 총 12장이다 (48페이지다). 표지용 종이 위와 아래에 가볍게 표시하면서, 책등 치수를 옮긴다. 표시를 따라 금을 그어서 접는 선을 만든다.

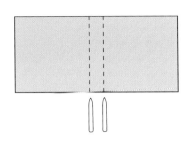

표지 만들기 (이어서)

금을 따라 접어서 책등을 만든다. 접은 속지의 높이와 너비를
측정해서 각각 1/8인치씩 더한다. 이 값은 앞표지와 뒤표지
너비가 될 것이다. 크기에 맞춰서 표지용 종이를 조심스럽게
자른다.

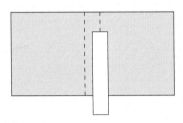

2. 책등 견본 만들기

견본을 만들면 책등에 구멍을 뚫을 위치를 정하는 데 도움이
된다. 견본에다 계획을 세웠다면 그 치수를 실제 책등에 옮길
수 있다. 견본은 완성한 책등과 정확히 똑같은 크기로 종이를
잘라서 만든다.

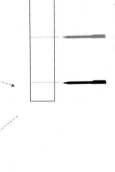

3. 견본에 표시하기

책 등에서 구멍이 보이면 하는 자리를
골라서 견본에 가로 선을 세 개 긋는다.
너무 많은 구멍을 가까이 붙여서 뚫으면 안
되는데, 그랬다가는 책 등이 약해지고
찢어지는 부분이 생길 수도 있다.

4. 구멍 뚫기

이 프로젝트에는 접장이 세 개 있으므로
견본 너비를 1/4씩 나눈다. 1/4이 되는
곳마다 세로 선을 표시한다. 첫 번째와 세
번째 세로 선이 가로 선과 교차하는 지점이
구멍을 뚫을 곳이다.

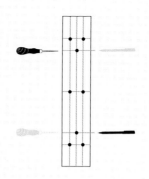

5. 견본 완성하기

바깥 접장은 구멍을 3개 이용하는 전통적인 팸플릿 제본 방식으로 꿰맬 것이다. 안쪽 접장은 구멍을 2개만 이용해서 꿰맬 것이므로 가운데 선의 꼭대기와 바닥 근처에 이 점을 표시한다.

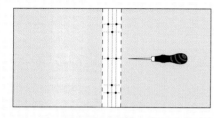

6. 견본에서 표지로

책등 견본을 표지 바깥쪽 놓고 바늘이나 송곳을 이용해서 견본과 책등을 통과하도록 표시해둔 구멍을 뚫는다.

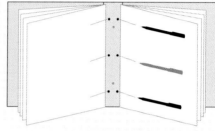

7. 접장 나란히 놓기

안쪽 면이 보이도록 표지를 뒤집고 각 접장을 해당하는 책등 구멍에 맞춰서 나란히 놓는다. 책등에 뚫은 구멍을 각 접장의 접는 선에 표시하고 구멍을 뚫는다.

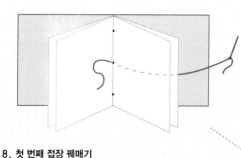

8. 첫 번째 접장 꿰매기

접장을 표지 안쪽에 구멍에 맞춰 놓는다. 실을 바늘에 꿰고 바느질을 시작하는데, 가운데 구멍부터 속지와 표지 안쪽에서 바깥쪽으로 꿰맨다. 마지막 단계에서 매듭을 지을 수 있을 만큼 실 꼬리를 남겨준다.

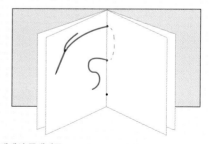

9. 가운데에서 꼭대기로

가운데 구멍으로 나온 바늘을 꼭대기 구멍 바깥쪽에서 넣은 다음 실이 표지와 속지를 통과하게 잡아당긴다. 바늘은 접장 안쪽으로 나올 것이다.

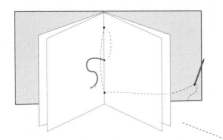

10. 꼭대기에서 바닥으로
꼭대기 구멍으로 나온 바늘은 가운데
구멍을 건너뛰고 바닥 구멍으로 넣는데,
접장 안쪽에서 표지 바깥쪽으로 넣는다.

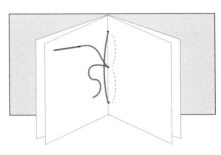

11. 바닥에서 가운데로
바닥 구멍으로 나온 바늘을 바깥에서 접장
안쪽을 향해 다시 가운데 구멍으로 넣는데,
바늘과 실이 이미 있던 실에 걸리지 않도록
주의한다.

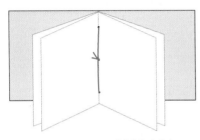

12. 팽팽하게 당기기
가운데 구멍을 통과했으면 바늘을 떼고 두
실 끝을 부드럽게 잡아당겨 팽팽하게
만든다. 실 끝을 기다란 바늘땀에 둘러서
매듭을 짓고, 필요하면 책을 다시 묶을
정도만 남기고 남는 실을 자른다.

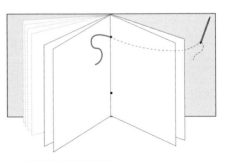

13. 두 번째 (가운데) 접장
두 번째 접장은 구멍을 두 개만 사용한다. 먼저 실을 꿴
바늘을 꼭대기 구멍에 넣는데, 접장 안쪽에서 표지 바깥으로
꿰맨다.

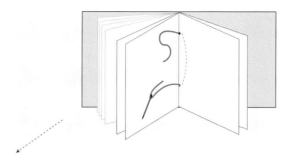

14. 가운데서 꼭대기로

바늘을 책등 아래로 가져와서 바닥 구멍에
표지 바깥에서 접장 안쪽으로 넣는다.

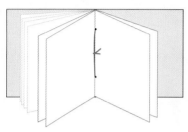

15. 팽팽하게 잡아당기기

바닥 구멍을 통과했으면 바늘을 떼고 두 실
끝을 부드럽게 잡아당겨 팽팽하게 만든다.
실 끝으로 가운데에 매듭을 짓고, 필요하면
책을 다시 묶을 정도만 남기고 남는 실을
자른다.

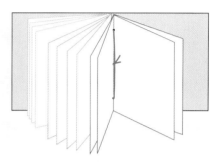

16. 세 번째 접장

마지막 접장은 첫 번째 접장과 똑같은
방식으로 꿰맨다. 8~12단계를 반복하면
책 조립이 끝난다.

벡터(Vector)

이 책은 벡터 일러스트를 모은 포트폴리오다.
책을 더 다채롭고 재밌게 만들기 위해
디자이너는 빨간 실로 책을 꿰맸다. 디자인은
다니엘 데이비스 작.

다양함

난이도

선장제본

선장 제본은 원래 아시아에서 발달했다. 이 방법을 사용하면 바늘과 실로 종이 낱장을 제본할 수 있다. 때로는 선장 제본과 프랑스식 접기 방식을 함께 사용하기도 하지만, 낱장을 이용하는 것이 더 보편적이다. 이 제본 형식은 얇고 유연한 종이에 가장 잘 어울린다.

도구

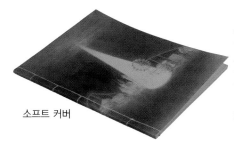

소프트 커버

표지 고르기
선장 제본에는 하드커버보다 소프트커버를 쓰는 것이 더 기능적인데, 표면이 유연해서 책이 쉽게 열리기 때문이다. 하지만 하드커버는 더 격식이 있으며 책을 더 오래가게 만들 것이다.

종이 선택
소프트커버의 경우 표지용 종이는 속지보다 약간 무거워야 하며 속지와 똑같이 잘라야 한다.
하드커버는 천이나 장식용 종이로 덮을 수 있다. 속지로는 유연한 종이를 사용한다.

하드커버(책등 없음)

경첩을 단 판지
좁고 기다란 판지가 최종 책 표지에서 경첩처럼 작동하면서 열리고 닫힌다.

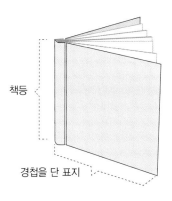

책등

경첩을 단 표지

책등이 있는 하드커버

5~10분

 난이도

소프트커버
소포트커버 책은 일기장이나 스케치북, 그 밖에 자주 여는 책으로
사용하기에 아주 좋다.

1. 표지 자르기
표지용 종이나 판지를 여기 보이는 것처럼 정확하게 측정해서 자른다.

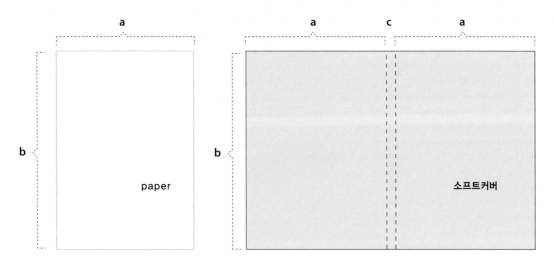

c = 속지를 쌓았을 때 높이

영어 표현(English Expressions)
이 소프트커버 책은 한국 학생이
만든 영어 표현 모음집인데, 이
학생은 이 책을 주머니나 지갑에
넣어서 가지고 다닌다. 디자인은
임현수 작.

15~20분

난이도

하드커버(책등 없음)
하드커버 책은 작품을 전문적인 방식으로 선보이기에 가장 좋은 방법이며
수준 높은 솜씨도 자랑할 수 있을 것이다.

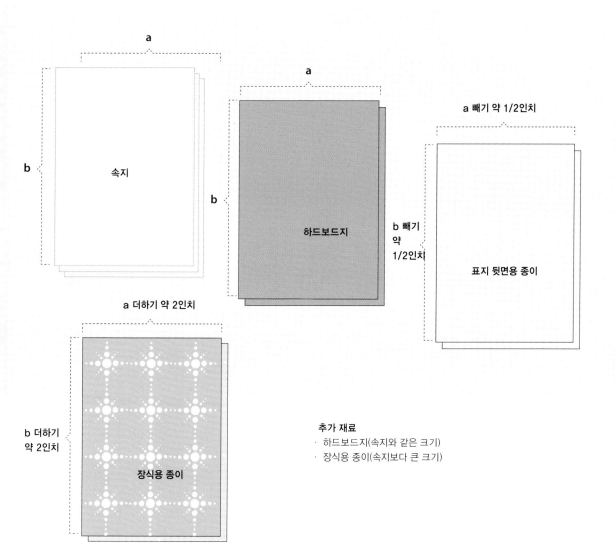

a

b

속지

a

b

하드보드지

a 빼기 약 1/2인치

b 빼기
약
1/2인치

표지 뒷면용 종이

a 더하기 약 2인치

b 더하기
약 2인치

장식용 종이

추가 재료
· 하드보드지(속지와 같은 크기)
· 장식용 종이(속지보다 큰 크기)

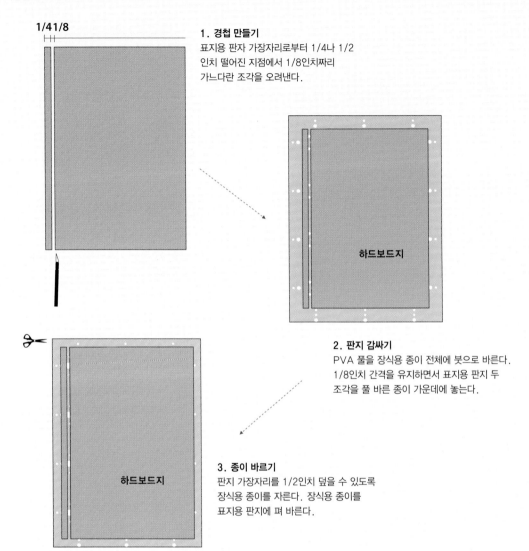

1/4 1/8

1. 경첩 만들기
표지용 판자 가장자리로부터 1/4나 1/2
인치 떨어진 지점에서 1/8인치짜리
가느다란 조각을 오려낸다.

하드보드지

2. 판지 감싸기
PVA 풀을 장식용 종이 전체에 붓으로 바른다.
1/8인치 간격을 유지하면서 표지용 판지 두
조각을 풀 바른 종이 가운데에 놓는다.

하드보드지

3. 종이 바르기
판지 가장자리를 1/2인치 덮을 수 있도록
장식용 종이를 자른다. 장식용 종이를
표지용 판지에 펴 바른다.

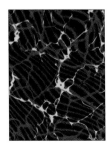

장식용 종이
직접 준비한 그림이나 사진, 포장지, 천을
장식용 종이로 사용할 수 있다.

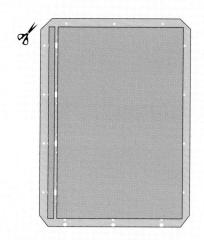

4. 모서리 만들기
판지에서 약 1/8인치 떨어진
부근에서 장식용 종이 모서리를
자른다.

5. 접어서 붙이기
풀 바른 종이 가장자리를 접고 평평하게
다듬는다.

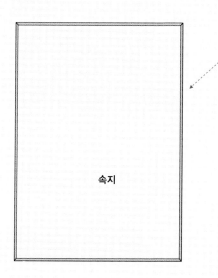

속지

6. 표지 뒷면용 종이
장식용 종이가 마른 다음 표지 뒷면용
종이를 붙여서 접은 모서리를 가린다. 이때
종이는 판지보다는 작아야 하지만 모서리에
접어 넣은 부분을 덮을 정도로는 커야
한다. 뒤표지도 1~6단계를 반복한다.

다름(Difference)
이 하드커버 책은 재료를 아름답게
섞어서 사용했다. 디자인은 임현수 작.
사진은 댄 마이어스 작.

25~35분

 난이도

하드커버(책등 있음)

하드커버 책에 책등을 달면 진짜 '책' 같은 느낌이 난다. 책이 안정되고 수명도 늘어난다. 이름이나 책 제목을 책등에 인쇄하면 선반에 진열했을 때 더 완성된 느낌이 난다.

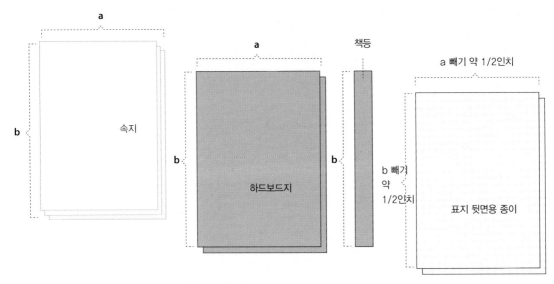

a

b

속지

a

b

하드보드지

책등

b

a 빼기 약 1/2인치

b 빼기 약 1/2인치

표지 뒷면용 종이

a 더하기 책등 더하기 a 더하기 1인치

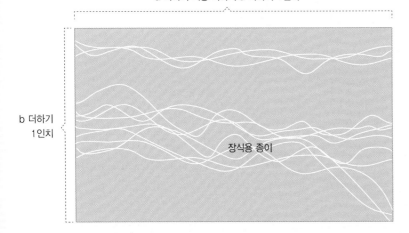

b 더하기 1인치

장식용 종이

추가 재료
- 하드보드지(속지와 같은 크기)
- 표지 뒷면용 종이 (속지보다 작은 크기)
- 장식용 종이 {(속지 너비 x2) + (책등 너비 + 1인치)} x (속지 높이 +1인치)

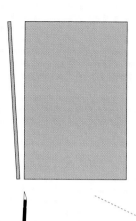

1. 판지 자르기

표지용으로는 속지와 높이가 같고 너비는 1/8인치 좁게 판지 두 장을 자른다. 책등용으로는 속지와 높이가 같고 너비는 속지를 쌓은 두께와 같게 판지를 자른다.

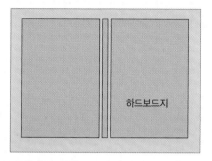

하드보드지

2. 판지 붙이기

책등용 판지를 장식용 종이 가운데에 붙인다. 책등용 판지와 두 표지용 판지 사이에는 틈을 남긴다.

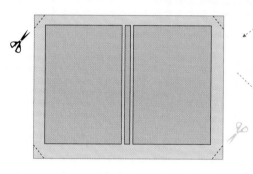

3. 모서리 만들기

판지에서 약 1/8인치 떨어진 부근에서 장식용 종이 모서리를 자른다.

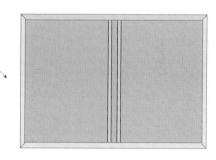

4. 가장자리 접기

판지에서 약 1/8인치 떨어진 부근에서 장식용 종이 모서리를 자른다.

왁스 입힌 종이
말릴 때는 풀칠한 조각 사이마다 왁스 입힌 종이를 끼워서 서로 붙지 않게 하자.

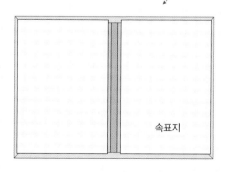

속표지

5. 표지 뒷면용 종이

종이가 마른 다음 표지 뒷면용 종이를 붙인다. 이 종이는 책등을 덮으면 안 되는데, 선장 제본하면서 안쪽으로 감출 것이기 때문이다. 종이나 판지를 표지 안에 넣어서 책 등 높이를 유지하고, 마를 때까지 책 몇 권으로 눌러둔다.

15~20분

 난이도

책 제본하기
선장 제본은 바느질을 이용해서 속지를 묶고 표지까지 연결한다. 이 방법에서는 그 구조가 시각적인 디자인 요소다. 바늘땀은 기능적이면서도 장식적이다.

1. 책 모으기
속지와 (소프트커버든 하드커버든, 책등이 있든 없든) 표지를 구성하는 요소를 한데 모은다.

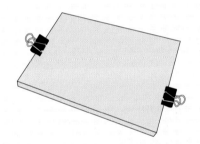

2. 바인더 클립 사용하기
속지와 표지가 똑바른지 다시 점검한다. 바인더 클립을 끼운다. 남는 판지를 이용해서 표지에 클립 자국이 남는 것을 예방한다.

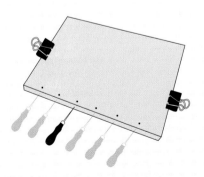

3. 구멍 뚫기
스크류 펀치를 이용해서 구멍을 뚫는다. 구멍은 책등을 따라서 간격이 일정해야 한다. (구멍을 뚫기 전에 표시하자).

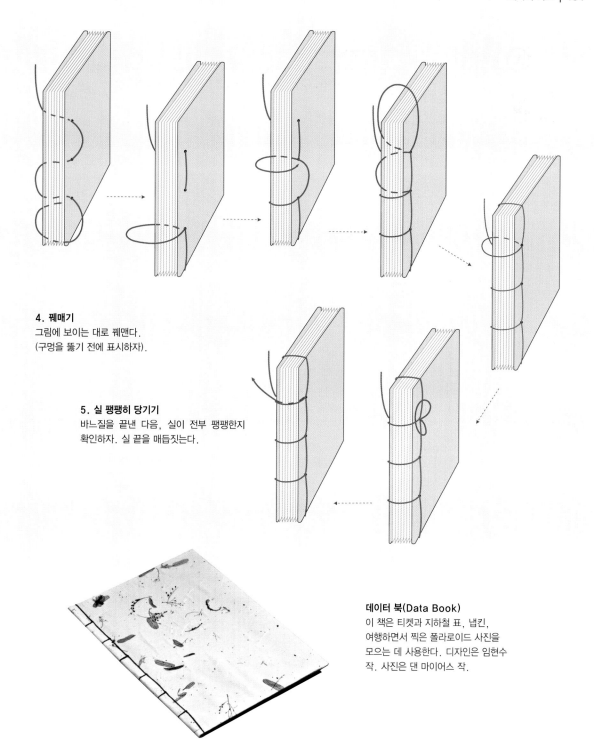

4. 꿰매기
그림에 보이는 대로 꿰맨다.
(구멍을 뚫기 전에 표시하자).

5. 실 팽팽히 당기기
바느질을 끝낸 다음, 실이 전부 팽팽한지
확인하자. 실 끝을 매듭짓는다.

데이터 북(Data Book)
이 책은 티켓과 지하철 표, 냅킨,
여행하면서 찍은 폴라로이드 사진을
모으는 데 사용한다. 디자인은 임현수
작. 사진은 댄 마이어스 작.

독립 출판을 하여 연고

독립출판 – 독립출판의 발행인 디자이너가

디자이너
이자 발행인

맥스위니스(Mcsweeney's)
데이브 이거스(Dave Eggers)는 1998년에 티모시 맥스위니스 쿼터리 컨선(Timothy McSweeney's Quarterly Concern)이라는 문학 동인지를 창간했다. 이 동인지는 곧장 성공했는데, 발칙한 내용과 장난스러운 디자인 및 서체가 사람들에게 인정을 받았다. 동인지는 여러 가지 유형과 형식으로 제작하는데, 우아하게 장식한 표지를 달아서 제본한 책에서부터 제본을 안 하고 제본용 판지와 함께 상자에 쌓아놓은 소책자까지 이른다. 맥스위니스는 얼마 안 가 사업을 확장했고, 책과 빌리버(Believer)를 포함한 추가 잡지도 제작한다.

– 크리스티안 비요나드, 린제이 M. 뮤어(Lindsey M. Muir)

전통적으로 그래픽 디자이너는 고객을 위해 일하면서 다른 사람들이 아이디어를 지면으로 옮길 수 있도록 도왔다. 오늘날에는 많은 디자이너가 자기 프로젝트를 시작하고 있으며, 시각적 능력과 출판업계에 관한 지식을 휘두르면서 직접 생산자가 되고 있다. 이런 디자이너들은 독립출판 운동의 트렌드를 이끈다. 그리고 기존에 그래픽 디자이너가 수행했던 역할, 편집자와 발행인이 작품을 생산하기로 한 다음에야 의뢰를 받고 작가의 작품에 서식을 부여하는 역할을 활발하게 거부한다. 디자이너는 (특히 복잡한 시각적 작품을 다룰 때는) 책에 독특한 시각적 특징을 부여하지만, 언론매체 평가나 심지어 작가가 전하는 감사의 말에서도 자주 간과 당하며 책에서 나는 수익을 공유받는 일도 거의 없다.

왜 디자이너들은 출판 발행인이 되었을까? 독립출판인들 중 일부는 노련한 북 디자이너로, 수년 동안 고객에게 의뢰를 받고 일했으며, 이제는 자기가 보유한 내부 인맥과 실무 경험을 이용하여 직접 프로젝트를 시작하길 갈망한다. 어떤 사람은 좋아하는 사업이나 아끼는 아이디어를 깨달을 수 있어서 출판물 하나로 시작하는가 하면, 다른 사람은 주류 출판업계가 간과하지만 특별한 콘텐츠를 찾아다니느라 여전히 분투한다. 어떤 디자이너는 직접 책을 저술해서 발행하며, 어떤 디자이너는 작가나 예술가와 협업해서 콘텐츠를 만든다.

다음에 예로 든 각 프로젝트는 글과 이미지를 가능한 가장 좋은 방식으로 선보이고픈 욕망에서 기인한다. 발행인을 겸하는 디자이너는 책과 이미지, 레이아웃, 최종 생산물을 통합하여 부분보다 훌륭한 전체로 만드는 일에 있어 독특한 위치를 점한다.

퓨엘

영국에 거점을 둔 퓨엘은 1991년에
디자인 에이전시로 탄생했다. 저음에
퓨엘은 출판을 부가적인 프로젝트로
진행하면서, 잡지를 제작하는 한편
회사의 일에 대한 논문 두 편을 작성했다.
이후 퓨엘은 출판 사업을 별개 사업인
퓨엘 퍼블리싱(Fuel Publishing)으로
분리했고, 이제는 퓨엘 퍼블리싱이 회사
전체 사업에서 절판을 차지한다. 퓨엘은
디자인과 예술, 대중문화와 관련하여
고품질 책을 제작한다. 작가나 예술가와
협업하여 독특한 책을 만드는데, 예를
들면 웹을 샅샅이 조사해서 만든 이미지
모음집인 『책의 유토피아』와 단찌히
발데브(Danzig Baldaev)와 세르게이
바실리에프(Sergei Vasiliev)기록한,
신체 예술에 관한 백과사전인 『러시아
범죄자 문신(Russian Criminal
Tattoo)』이 있다.

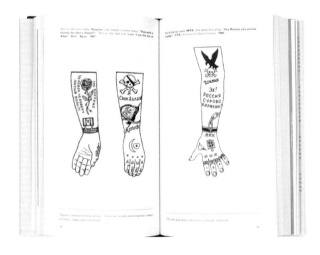

드론 & 쿼터리

『드론 앤 쿼터리』는 1989년에 캐나다에서
크리스 올리베로(Chris Oliveros)가
북미 최고 만화가들을 위한 잡지를
만들고자 결심하고 창간했다. 『드론 &
쿼터리』는 9 x 12짜리 풀컬러 책이 됐고
세계적인 예술가들의 작품을 선보인다. 『
드론 앤 쿼터리』와 『뉴 탤런트 앤솔로지
(New Talent Anthology)』라는 두
가지 만화 잡지를 제작하는 데 더해, 드론
앤 쿼터리 출판사는 이제 에이드리언
토미네의 『결점』(아래) 을 포함하여 몇몇
만화 시리즈와 그래픽 노블을 발행한다.
한 남자가 만화를 향한 열정으로 시작한
일은 발행물이 아름답고 사려 깊으며, 그
형태가 만화와 책 사이 놓인 끈을
구부리기로 유명한 출판사가 됐다. 이런
발행물은 세계적으로 만화에 관한 담론을
넓혔다.

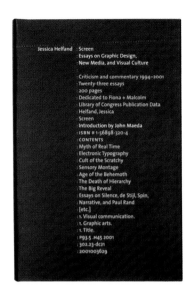

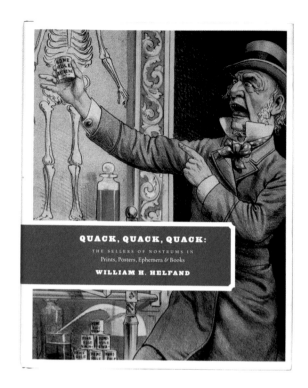

윈터하우스

윌리엄 드렌텔(William Drenttel)과 제시카 헬팬(Jessica Helfand)이 공동운영하는 윈터하우스는 디자인 스튜디오이자 컨설턴트이자 출판사 역할을 한다. 윈터하우스 에디션스(Winterhouse Editions)에서는 소설, 시, 디자인, 평론의 원작을 발행하고 문학 작품을 재발행한다. 또 유명한 디자인 블로그인 '디자인 관찰자(Design Observer)'를 운영하며 『주름 아래(Under the Fold)』라는 간행물을 발행한다.

드렌텔은 윌리엄 드렌텔 에디션스(William Drenttel Editions)를 통해 이 분야에서 일하기 시작했는데, 100권짜리 한정판을 손으로 인쇄하고 제본해서 제작했

다. 그 뒤로 발행물 수량이 늘어났고, 제작 방식도 다양해졌는데, 때로는 유니버시티 오브 시카고 프레스(University of Chicago Press)나 프린스턴 아키텍처럴 프레스 같은 대형 출판사와 합작하기도 한다. 윈터하우스는 주로 다른 출판사에서 알아채지 못한 재료에 집중한다. 어떤 작품은 디자인과 시각 문화에 관한 것이지만, 어떤 작품은 순수한 글이다. 『미합중국 국가안보전략(National Security Strategy of the United States of America)』은 저작권을 등록하지 않은 문서로 9/11 사태 이후에 소형 보급판으로 발간했다.

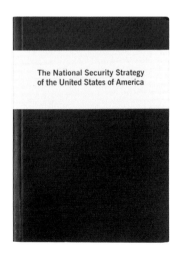

그레이불

로스앤젤레스에 거점을 둔 그레이불 프레스는
판형이 크고 사진을 기반으로 하는 화집을
출판한다. 로만 알론조(Roman Alonso)와
리사 아이스너(Lisa Eisner)가 아이스너의
사진 작품을 출간하기 위해 설립한
그레이불은 콘텐츠가 독특하고 품질관리가
까다롭기로 유명한 화집 전문 출판사가 됐다.
로레인 와일드(Lorraine Wild)가 합류한
팀은 대형 출판사에서 독립적인 상태를
유지함으로써 디자인 및 제작과 관련하여
모든 측면을 계속해서 통제한다.
그레이불에서 출판한 많은 책은 하위문화를
중심으로 한다. 『할리우드 생활』은
할리우드의 집을 둘러싼 기묘한 세계를
드러낸다. 1968년에 나온 『흑표범 당원들
(Black Panthers)』은 흑인 권력 운동 속
시각문화를 들여다본다. 『패션의 높이
(Height of Fashion)』는 개인 스타일을
회고한다.

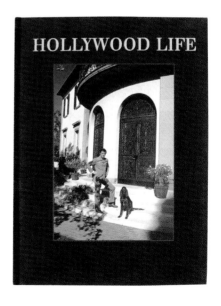

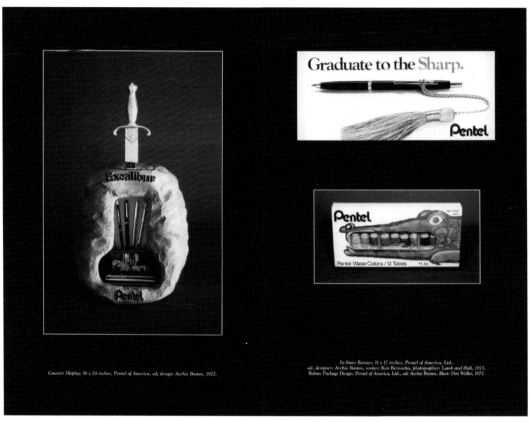

Counter Display, 16 x 24 inches, Pentel of America, ad, design: Archie Boston, 1972.

In-Store Banner, 11 x 17 inches, Pentel of America, Ltd.,
ad, designer: Archie Boston, writer: Ken Bernsohn, photographer: Lamb and Hall, 1973.
Below: Package Design, Pentel of America, Ltd., ad: Archie Boston, illust: Don Weller, 1973.

버터밀크 속 파리
(Fly in the buttermilk)

2001년에 디자이너이자 예술 감독인 아키
보스턴(Archie Boston)은 『버터밀크 속
파리』를 자가 출판하여, 백인 중심적인
업계에서 흑인 디자이너로 일하면서 겪는
시련과 고난에 관해 이야기했다. 보스턴은
자기 이야기를 들려줘야겠다고 생각해서,
출판물로 목소리를 내고자 했다.

책 1부에서는 디자이너이자 업계
교육자로서 보스턴이 어떤 삶을 살았나
회고한다. 두 번째 절반에서는 보스턴이
디자인과 광고계를 개인적으로 어떻게
바라보는지 논의한다. 책은 보스턴이
디자이너로서 35년 동안 경력을 쌓으면서
수상했던 작품들을 다양하게 선보인다.
이 186쪽짜리 책은 오프셋 인쇄했으며
윤이 나는 양장본으로 제본했다. 보스턴은
이 책을 개인 웹사이트와 아마존을 통해서
판매한다. 수익금 일부는 롱비치(Long
Beach)에 있는 캘리포니아 주립대학
(California State University)의 아키
보스턴 장학재단(Archie Boston
Scholarship Fund)에 기부한다.

비품실에서 만들기 하는 법 (How to make out in the supply room)

로스앤젤레스에서 활동하는 그래픽 디자이너 레이첼 리팻(Rachel Rifat)은 『비품실에서 만들기 하는 법: 사장님 몰래 만들 수 있는 재밌는 것들(How to Make Out in the Supply Room: Fun Things to Make and Do When the Boss Is Not Looking)』을 2006년 가을에 자가 출판했다. 수첩 모양을 흉내 낸 이 영리한 책은 회사 비품실에 있는 재료로 공예품을 만드는 법을 안내한다. 리팻이 설명하는 바에 따르면, 업무시간에 이 책을 읽다가 들켜도 재빨리 표지를 덮어서 진짜 수첩인 척 위장할 수 있다. 공예품은 클립 목걸이에서 커피로 만든 명상 정원, 구멍을 뚫어 장식한 액자까지 다양하다. 각 프로젝트는 컬러 사진과 단계별 지침을 이용해 설명한다. 리팻은 지론이 이렇다. 불만에 가득 찬 직원보다는 창의적인 직원이 되는 것이 좋다. 리팻은 책을 손으로 몇 권 제본해서 친구들한테 팔았고, 친구들은 이 책을 에이전트에게 보내라고 리팻을 설득했다. 원고를 보낸 지 24시간도 지나지 않아서 산드라 데이크스트라 문학 에이전시 (Sandra Dijkstra Literary Agency)가 이 책을 출판사에 소개하기로 동의했고, 2009년에 러닝 프레스에서 출간됐다.

북아트로서의 독립출판

– 제니퍼 토비아스(Jennifer Tobias)

여러분이 손에 쥔 독립 출판물은 새로운 동시에 전통적이다. 오늘날 독립출판은 예술가와 작가, 디자이너 등 자기 메시지를 전달할 매체를 찾는 모두한테 흥미진진하고 새로운 기회를 제공한다. 다른 한편으로, 윌리엄 헨리 폭스 톨벗(William Henry Fox Talbot)이 1844년에 발매한 사진집, 『자연의 연필(The Pencil of Nature)』에서부터 1920년대에 등장한 다다(Dada) 성명서를 거쳐 1960년대에 에드 루샤(Ed Ruscha)가 집필한 걸작들까지 독립출판에는 전통이 있다. 이 수필은 후자에 속하는 작품들과 여기서 영감을 받아 쏟아져 나오는 작품들에 집중한다. 그리고 출판업계를 포함하여 지배적인 기관을 포용함과 동시에 비판하는 작품들을 특별히 살펴볼 것이다

과거와 비교하여 오늘날의 북 아티스트가 다른 점은 현대 예술가는 더 기꺼이 '시스템을 가동'하면서, 대안적인 목표를 위해 주류에 속한 수단을 쓴다는 것이다. 최근에는 미디어를 잘 활용하는 비영리기관이 많은 시도를 하면서, (상업 출판사, 박물관, 미술관 등) '주류'와 손을 잡고 주어진 아이디어를 실현한다. 이런 현상은 주류로 편입하는 것과는 전혀 다르다. 이 현상을 후류라고 부르자. 다른 자전거 선수 바로 뒤를 달리는 선수처럼, 주류와 후류는 모두 빠르게 이동한다. 기존의 주류 출판과 독립출판은 서로를 앞으로 밀어주면서 새총 효과(slingshot effect)를 낸다. 어쩌면 여러분도 이 강렬한 운동에 자극받아서 말 그대로 출판에 직접 손을 댈 수도 있을 것이다.

'북아트'는 경쟁 중인 몇몇 용어 중 하나로 예술가 주도하는 대안적 출판물을 묘사한다. 커피 탁자에 전시하는 호화판 화집이나 화려한 삽화들로 장식한 책이 아니라, 예술로 인정받는 책이나 책 형태를 한 예술을 말한다. 돌이켜보면 이런 작품은 그 자체가 한 분야이며, 무척 다양하고 끊임없이 재탄생하고 있는 것으로 인정받았다.

2차대전 이후 북아트는 1960년대에 중요한 예술 운동이 다양하게 모여서 탄생했는데, 여기에는 플럭 서스(fluxus)와 문자주의(letterism), 상황주의(situationism), 대중예술, 개념론(conceptualism), 미니멀리즘(minimalism), 사진에 대한 새로운 태도 등이 있다. 행위 예술과 설치 미술이 그야말로 성행하던 시기에, 예술가들은 우편 예술(mail art)과 종이 예술(page art), 구상시(concrete poetry)를 이용해 시험을 거행했다. 한편 '동인지'는 '지면에 구상한 건축물'과 건축가가 주도하는 비평을 출판하기 시작했다. 북아트라는 관행이 생겨나서 오늘날 독립출판으로 이어지게 된 중심에는 어디에서나 이용할 수 있는 인쇄 기술을 표현 목적으로 동원했던 탁월한 예술 감독이 있다.

북 아티스트는 순수하게 형식적이든, 매우 개념적이든, 사실을 기록했든, 시적이든, 행동주의적이든 다양한 목적에 맞춰 수없이 많은 제작 기법을 골라서 사용한다. 내용과 상관없이, 예술가와 작가, 발행인은 필요한 인쇄 수단을 이용해서 다른 사람과 소통하고픈 욕구를 공통으로 갖고 있다. 대중 매체를 동원하여 일반 대중한테 닿고자 노력하는 예술가들은 (실제로 그렇게 하고 있는가에 대해서는 활발하게 논쟁이 벌어지고 있지만) 특히 독립 출판인과 관계가 있다.

여기 여러 사례가 보여주듯, 이제는 구식이 된 등사판 인쇄물과 변변찮은 복사물, 평범한 오프셋 인쇄물로도 영리한 결과를 끌어낼 수 있다. 대개 북아트를 보고 탄성이 나오는 이유는 형태와 아이디어가 훌륭하게 결합했기 때문에, 아이디어가 그 형태를 '원한다는'

사실은 '갈구한다는' 감각을 주기 때문이다. 예를 들면, 커다란 플립 북(flipbook)을 생각해보자 (플립 북은 북아트의 인기 있는 하위 장르다). 책장을 '훌훌 넘기려면' 책이 있어야 하고, 이 책을 만들려면 특정한 용지, 양면 정합 기술, 제본 기술, 테두리 다듬기 방법을 갖춰야 하는데, 이는 오프셋 인쇄로도 잘 할 수 있다. 북 아티스트는 종종 독자가 책의 고유한 성격을 인지하게 만드는데, 이런 특성으로는 물리적 친숙함과 촉감, 순서, 속도, 조판, 이미지와 글 사이의 관계 등이 있다. 책은 단순한 전달 기계가 아니라, 그 자체로 매체이며, 예술과 문서를 융합함으로써 둘 모두를 거부하는 장르가 되므로 흥미롭다.

1960년대에 식탁에서 벌였던 실험부터 오늘날 벌어지는 공동 작업에 이르기까지, 북아트라는 분야는 가능성으로 가득 차 있다. 언론을 통폐합하는 시대를 겪었고 종종 언론의 자유가 위협받는 상황에서, 종류를 망라하고 모든 독립출판이 번창하기를 바란다.

에드 루샤, 『주유소 26곳(Twentysix Gasoline Stations)』, 1963. © Ed Ruscha.
가고시안 갤러리(Courtesy Gagosian Gallery) 제공

세계를 뒤흔든 주유소 26곳

에드 루샤(1937년생)는 북아트의 역사에서 핵심을 차지한다. 1960년대에 발표했던 진정으로 형식적인 작품 중 특히 1963년 작인 『주유소 26곳』에서 루샤는 영리하고 혁신적인 형태를 떠올림으로써 개념론과 다큐멘터리 사진, 대량 생산, 책이 지닌 물성을 통합했다. 진정을 후류를 타는 사람이었다.

『주유소 26곳』은 주류 언론의 형태를 영리하게 빌려와서 표현 목적에 사용했다. 독특하고 절제한 재치를 발휘하는 한편 루샤는 스냅숏 사진과 손대지 않은 듯 보이는 디자인, 값이 싼 상업 인쇄술을 이용해서 하이콘셉트(high-concept)의 굉장한 작품을 만들었다. 오프셋 인쇄한 48쪽짜리 책은 보이는 그대로를 전달한다. 로스앤젤레스 지역에 있는 주유소 사진을 말이다. 의미심장하게도 이 책은 디자인하지 않기로 디자인했으며, 어디서나 이용할 수 있는 기본적인 인쇄 관행을 따랐다. 각 주유소 사진은 단순하게 배치하고, 인쇄는 건조하며 해상도가 낮은 흑백으로 하고,

캡션은 별 특징 없는 글꼴로 최소한만 넣는다. 예술가가 근처 가게에서 인쇄했으며, 접장 크기마저도 표준이다. 이 책이 특별한 이유는 주문제작 했기 때문이 아니라 따분하기 때문이다.

루샤는 책의 판형을 최대한 이용한다. 작품을 한 페이지씩 넘길 때마다 L.A. 고속도로 출구가 연속해서 떠오르며, 엄지손가락으로 책장을 휙휙 넘기면 고속도로를 달리는 듯한 느낌이 드는데, 이런 주제는 로버트 벤투리(Robert Venturi)와 드니스 스콧 브라운(Denise Scott Brown), 스티븐 이제누어(Steven Izenour)도 1972년에 낸 책, 『라스베이거스에서 얻은 교훈(Learning from Las Vegas)』에서 다뤘다. 놀랍게도 이 작은 사진들은 평소에 눈에 띄지 않는 이 미국 자동차 문화의 사원을 기념한다.

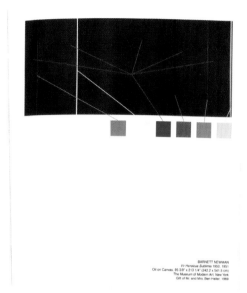

브라이언 케논(Brian Kennon), 『추상 표현주의자의
흑백 재현(Black and White Reproductions of the
Abstract Expressionists)』, 2002. 작가 제공

　　작품을 아이디어 상태에서 인쇄한 책으로 옮김
으로써 루샤는 많은 독립 발행인(그리고 운전자)과 자
유를 향한 갈망을 공유했다. 루샤는 책을 제작하고 거
의 10년이 지나서 말했다.

　　"책을 만들기 시작할 때마다, 저는 문제의 주최자
가 되어야 했고, 집사가 되어야 했고, 전체 작업의 창
조주이자 총괄 경영자가 되어야 했는데, 저는 그게 좋
았습니다. 즐거웠어요. 그리고 저는 책이 인기도서 목
록에 오를지 그렇게 못할지 걱정하면서 손톱을 뜯지
않았습니다."

　　수십 년이 지났지만, 루샤가 만든 작품은 아직도
큰 영향력을 발휘하고 있다.

　　최근에 나온 책 중 루샤에 관해 생각하고 그 너머
를 바라보는 책은 2002년에 브라이언 케논이 발표한
『추상 표현주의자의 흑백 재현』이다. 여기서도 여러분
은 14쪽짜리 오프셋 인쇄한 책에서 보이는 것을 본다.
책은 오른쪽 면마다 바넷 뉴먼(Barnett Newman)이
1950~1951년에 제작한 걸작 '인간, 영웅적이고 숭고
한(Vir Heroicus Sublimis)' 같은 그림을 4색 인쇄를

했다면 예술가가 손으로 섞은 물감을 따라 할 수 있게
색상표를 맞추고, 흑백으로 재현해 두었다. 뉴먼의 작
품을 포함한 것은 특히나 음흉한 일인데, 다양한 색과
색채 간 상호 관계가 작품에서 가장 중요하기 때문이
다. 월터 벤저민(Walter Benjamin)이 원작의 '아우라'
에 복제품이 미치는 영향에 대해 의문을 제기했듯, 이
천연덕스러운 책에서 케논은 우리가 그림을 오직 현장
에서만 마주할 수 있는 유일한 작품으로 '보는'지, 아
니면 로고처럼 매개된 상징물로서 제각기 삶을 사는
것으로 보는지 질문을 던진다. 책은 이 주제에 관해 다
른 작품도 언급하는데, 예를 들면 셰리 레빈(Sherrie
Levine)이 그린 걸작들을 일반적인 예술사 교과서에
등장하는 대로 복제해 놓았다.

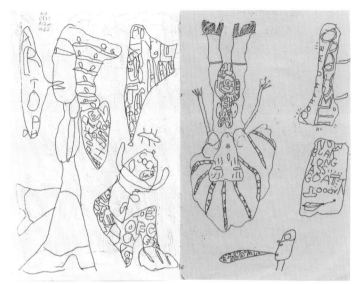

클래스 올덴버그(Claes Oldenburg), 『더 많은 광선 총 시(More Ray Gun Poems)』, 1960.

광선 총과 템포러리 서비스

『주유소 26곳』이 나오기 3년 전, 클래스 올덴버그(1929년 출생)는 1960년에 『더 많은 광선 총 시』를 자가 출판하였는데, 이 작품은 오늘날 초기 언론 패키지의 일부로서 매우 중요하다. 분위기가 몽롱하고 등사판으로 인쇄한 4쪽짜리 글—이미지 융합물은 올덴버그가 소호(SoHo)의 대안으로 사용했던 공간인 더 스토어(The Store)에서 펼쳤던 행위 예술 시리즈, '광선 총 극장(Ray Gun Theater)'의 덧없는 부산물이었다. '광선 총'은 예술을 비물질화하려는 더 큰 운동의 일환이었고, 인쇄한 종이는 예술이 어때야 하는가에 대한 전통적인 생각에 의문을 제기하기에 훌륭한 도구로 판명됐다. 개념론이라고 알려진 이 운동은 유일한 물체, 예술가의 손, 고귀한 대상, 귀중한 재료를 거부하면서 오직 아이디어만 남겨됐는데, 이 경우에는 예술 활동에 대한 비판 그 자체다. (얄궂게도 이런 발상의 가장 덧없는 흔적조차 오늘날에는 수집 가치가 매우 높다). 올덴버그가 만든 『더 많은 광선 총 시』는 분

명 수준 낮은 기술을 사용했다. 오랫동안 북아트를 옹호해온 마샤 윌슨(Martha Wilson)은 말했다.

"이 시집은 그리니치 빌리지(Greenwich Village)의 대안이 되는 예술 공간인 저드슨 메모리얼 처치(Judson Memorial Church)에서 스텐실 기계로, 아마 베트남전 반대 거리행진이나 그 비슷한 일을 하고 남았을 종이에다 만들었어요. 그 종이는 쓰레기예요. 그런데 스텐실을 했더니, 그래도 쓰레기고, 그다음에 스테이플러로 묶었는데, 그랬더니 더 쓰레기예요. 물질적인 관점에서 이 책을 본다면 쓰레기 뭉치일 뿐이죠."

하지만 이 쓰레기는 그 정신이 나간듯한 시구를 통해 예술의 본성에 관한 급진적인 메시지를 전달하는데, 아이디어는 심오하거나 형식적이거나 수많은 형태를 취할 수 있으며, 심지어 물리적 형태가 전혀 없을 수도 있다고 주장한다. 사실 『더 많은 광선 총 시』는 당시 메디슨 가(Madison Avenue)에서 지금과 마찬가지로 번창했던 광고 및 판촉 산업을 비판할 뿐 아니라 포

용한다. 이 예술가가 오늘날의 언론 패키지, 행사 브랜
드화, 유명 인사의 사진 촬영에 대해 어떻게 생각할지
궁금하다. 나중에 올덴버그는 이런 주제를 작품에 반
영하곤 했는데, 그 예로 들 수 있는 1991년 작 '쌍안경
(Binoculars)'은 거대한 조각물로 대형 광고 에이전시
건물 정면에 박혀있다.

　브렛 블룸(Brett Bloom)과 마르크 피셔(Marc
Fischer), 살렘 콜로–줄린(Salem Collo-Julin)이라는
현대 예술가 트리오, 템포러리 서비스는 최근에 비슷
한 방향으로 흐르는 작품을 제작했다. 세 사람이 제공
하는 '임시 서비스'로는 인쇄뿐 아니라 비디오 프로젝
트, 활동, 대규모 식당, 블로그 등이 있다. 인쇄물은
무료로 받을 수 있는 PDF부터 오프셋 인쇄해서 주류
출판사가 유통하는 책까지 다양하다. 2003년에 『죄수
의 발명품』을 출간할 때는 그렇게 작고 색도 하나뿐인
상업책에 엄청난 호소력을 담았다. 이 작품은 템포러
리 서비스와 안젤로라고만 알려지고 수감 중인 예술가
가 합작한 것인데 트리오 중 하나가 안젤로와 편지를
주고받았다.

　"저희는 안젤로가 때때로 편지에 언급했던 발명
품에 대해 여러 차례 가볍게 논의를 거쳐서 『죄수의 발
명품』 프로젝트 관한 아이디어에 도달했습니다. 죄수
는 개인 자유를 더 높게 유지하고 자기들이 받는 제한
을 우회하기 위해 굉장히 창의적인 물건을 발명할 것
이라는 발상은 우리에게 엄청나게 매력적이었죠."

　이 책은 안젤로가 혁신적인 물건을 꼼꼼하게 그
린 선화로 구성되는데, 예를 들면 즉각 사용할 수 있
고 건전지로 작동하는 문신용 바늘이 있다. 어떤 부분
은 통째로 요리에 할애하는데, 여기에는 전기 콘센트
로 물 데우는 방법도 나온다. 예술가이면서 제작자인
사람이 많이들 그렇듯 안젤로도 목격했거나 떠올린
발명품을 문서로 옮기면서 창작 과정을 발견한다. 얄
궂게도 형법 체계에 따른 검열 때문에 안젤로는 출판
한 책을 한 번도 보지 못했다.

　이전에 『더 많은 광선 총 시』가 그랬던 것처럼, 『
죄수의 발명품』은 종이를 토대로 한 요소로서 일련의

템포러리 서비스(Temporary Services), 『죄수의
발명품(Prisoners' Inventions)』, 2003.

활동을 펼치는 것의 일환이다. 『더 많은 광선 총 시』가
올덴버그의 극장을 위해 문자로 만든 전단이었던 것처
럼, 『죄수의 발명품』도 초기 버전은 하루짜리 이벤트
용으로 제작한 가벼운 팸플릿이었다. 그리고 올덴버
그가 했던 실험이 자기만의 삶을 사는 것처럼, 『죄수의
발명품』은 전시회와 웹사이트로 모습을 바꿨다. 이렇
게 다양하게 활동한 결과, 언론 보도가 아이디어를 더
멀리 퍼뜨렸다. 후류에서 주류로, 다시 제자리로 말이
다.

Stinger Variation #1

This is a design that one of my cellies mass-produced. He could assemble one in about an hour using parts cannibalized from a couple of double-blade safety razors, a soft plastic lid from a tumbler, and some double insulated wire from an earphone plug.

I'm told that four- to six-blade stingers can be made, though I've never seen any and I'm dubious because of the insulation problems involved.

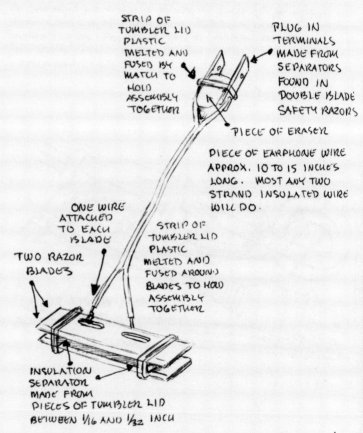

STRIP OF TUMBLER LID PLASTIC MELTED AND FUSED BY MATCH TO HOLD ASSEMBLY TOGETHER

PLUG IN TERMINALS MADE FROM SEPARATORS FOUND IN DOUBLE BLADE SAFETY RAZORS

PIECE OF ERASER

PIECE OF EARPHONE WIRE APPROX. 10 TO 15 INCHES LONG. MOST ANY TWO STRAND INSULATED WIRE WILL DO.

ONE WIRE ATTACHED TO EACH BLADE

TWO RAZOR BLADES

STRIP OF TUMBLER LID PLASTIC MELTED AND FUSED AROUND BLADES TO HOLD ASSEMBLY TOGETHER

INSULATION SEPARATOR MADE FROM PIECES OF TUMBLER LID BETWEEN 1/16 AND 1/32 INCH

Warning: Never plug the stinger in unless the blades are in the water, and never remove the stinger from the water while it's plugged in or it could blow up!

『죄수의 발명품』, (2003), 템포러리 서비스

Stinger Variation #2

An interesting stinger design by one of my cellies. Simple and streamlined in appearance, but awkward to use, since without the play offered by a flexible wire, it is necessary to hand-hold the tumbler of water to be heated.

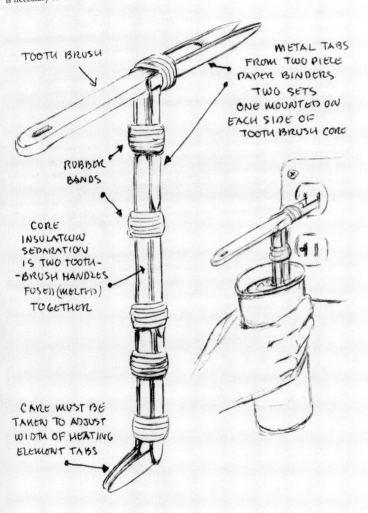

TOOTH BRUSH

METAL TABS
FROM TWO PIECE
PAPER BINDERS
TWO SETS
ONE MOUNTED ON
EACH SIDE OF
TOOTH BRUSH CORE

RUBBER
BANDS

CORE
INSULATION
SEPARATION
IS TWO TOOTH-
-BRUSH HANDLES
FUSED (MELTED)
TOGETHER

CARE MUST BE
TAKEN TO ADJUST
WIDTH OF HEATING
ELEMENT TABS

Caution: Unplug the unit before removing it from the water.

디터 로스(Dieter Roth), 『데일리 미러 (Daily Mirror)』, 1961년에 제작한 원작을 1970년에 재현.

진실을 왜곡시키는 것

이미 봤다시피, 매체가 지닌 힘을 인지하는 것은 북아트 운동에 꼭 필요하다. 다음 두 가지 사례는 유명한 초기 작품 하나와 과소평가 받는 최근 작품 하나인데, 모두 주류 출판물을 다른 용도로 고쳐서 후류 목적을 달성한다. 북아트의 아버지 중 하나인 디터 로스(1930-1998)는 1961년에 『데일리 미러』라는 작품의 첫 번째 버전을 발표했는데, 동명인 신문의 지면을 모은 다음 풀매기 제본을 하고 한 변이 2cm가 되도록 사각형으로 잘랐다. 그 결과 활자와 색이 작게 폭발하면서 저널리즘과 광고를 융합했다. 놀랍게도 이 각설탕만 한 책은 타임스퀘어같이 광대한 미디어 공간을 떠올리게 하면서 거기서 매일 마주하는 정보 과부하를 느끼게 하다.

페넬로프 움프리코가 2003년에 발표한 『허니문 스위트룸』은 가장자리를 붙인 사진엽서 세트처럼 보이는데, 마치 기념품 가게에서 파는 것 같다. 사진은 조악하게 인쇄한 지평선 같으며 강렬한 빨간색, 주황색,

보라색 망점이 보인다. 이상하게도 장소는 알아볼 수 없다. 아카풀코(Acapulco)나 시베리아가 될 수도 있다. 작가가 설명하길 이 사진은 '신혼여행 리조트 책자를 직접 찍은 것인데, 책자는 행복한 신혼부부가 허니문 스위트룸에 있는 모습을 그린다. 작가는 이 이상적인 장소에서 창문 너머로 보이는, 어디서나 볼 수 있는 사탕 색 지평선만 사용한다.'

이렇게 지겹지만, 눈길을 사로잡는 이미지를 보면 우리가 광고에서 무엇을 보는지, 또는 무엇을 보길 원하는지 의문이 든다. 작가는 컬러 인쇄나 그림엽서처럼 형식적인 선택이 어떻게 자신의 주제를 밀어붙이는지 설명한다.

"원자료에서 사용한 가짜 색은 마케팅을 통해 구축한 사랑의 개념을 보여준다. 내 지평선은 사랑을 마케팅한다는 부조리를 통한 일종의 세계여행을 의미한다."

여기서 우리는 돈을 내고 날아갈 수 있는 낙원에

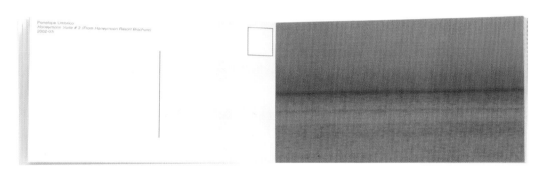

서 해가 진다는 발상과 사랑에 빠진다. 하지만 이 하늘이 우리가 매일 보는 하늘과 그렇게 다를까? 움브리코는 광고가 하늘과 사랑처럼 보편적인 현상마저도 사실상 매개로 삼아버린다고 주장한다.

페넬로프 움프리코(Penelope Umbrico), 『허니문 스위트 룸(Honeymoon Suites)』, 2003. 작가 제공.

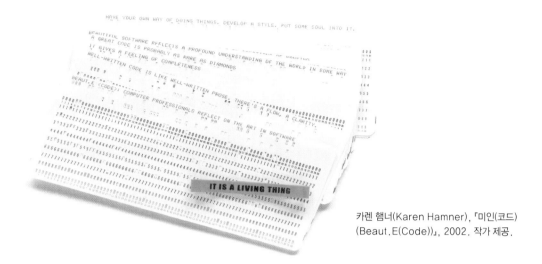

카렌 햄너(Karen Hamner), 『미인(코드)
(Beaut.E(Code))』, 2002. 작가 제공.

비트 스트리밍(bitstreaming)

디지털 미디어를 누구나 이용할 수 있게 되자, 책 예술가들은 이 미디어를 비판적으로 이용하고자 한다. 카렌 햄너는 2002년에 『미인(코드)』을 발표했는데, 미국에서 마지막 남은 컴퓨터 펀치 카드 프린터 중 하나를 찾아내서 코드 운율에 관해 숙고하는 프로그래머를 '출력'했다. '이것은 생명체다' 같은 주장이 도트 매트릭스(dot matrix) 글자로 카드 34장마다 등장한다.

비슷한 맥락에서, 데이비드 바이른이 2003년에 발표한 『감정에 따른 인식론적 정보의 심상』은 어휘가 한정적이기로 악명높은 마이크로소프트 파워포인트로 표현의 한계를 시험한다. RGB에서 영감을 받은 색상 팔레트를 극대화해서 깜짝 놀랄 효과를 낸다. 도표를 그리는 도구는 엉뚱한 사람들이 사용하는 전동 공구가 된다. 저급 조판은 뭉치고 늘어지고 한계까지 기울어져 있다. 바이른에 따르면 이 작품은 '주관적이고 심지어 감정적인 정보를 받아들인 다음 매체를 본래 용도와는 다르고 어쩌면 더 낮게 사용해서 친숙한 시청각 형태로 표현하는 일에 관한 것이다. … 이런 명청

한 소프트웨어를, 소위 창의적인 일을 하기에는 뻣뻣하고 제약이 많은 이런 프로그램을 사용하는 일은 처음부터 어리석은 행동인데, 이 부조리함 때문에 작가는 이 소프트웨어와 감정적인 관계를 맺는다.'

컴퓨터 활용 면에서 창작 과정은 기술 수준이 낮았지만, 출력물은 고급이며, 책 케이스가 있고, 여러 북아트 작품에 비해 값이 비싸다. 하지만 수수한 DVD 버전을 바이른이 만든 원래 사운드 트랙과 함께 동봉했다. PC마다 파워포인트와 사운드카드가 있는 상황에서, 디지털 매체는 새로운 대중 매체다. 루샤와 로스가 책을 깊이 파고들었던 것처럼, 햄너와 바이른은 우리 시대의 통신 기술을 시청각에 집중하여 새롭게 바라보도록 돕는다.

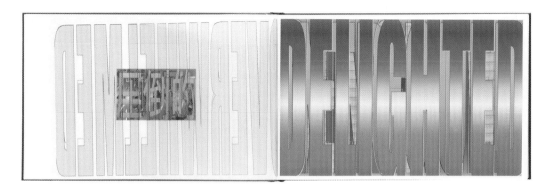

데이비드 바이른(David Byrne), 『감정에 따른 인식론적 정보의 심상(Envisioning Emotional Epistemological Information)』, 2003. 작가 제공.

다양한 미래

오늘날 북 아티스트들은 계속 쉽게 이용할 수 있는 생산 도구를 이용해서 조사하고, 비평하고, 소통하는데, 반전은 이제 아티스트들이 후류를 타고 공동체와 소셜 미디어, 대규모 출판 및 유통 체계가 있는 더 넓은 세계로 나갈 가능성이 늘어났다는 것이다.

디지털 생산은 이제 북아트를 구성하는 흔한 요소다. 디지털 사진, 조판, 레이아웃이 표준이며

인터넷을 기반으로 홍보하고 유통하면 북아트 작품을 더 넓은 독자에게 전달할 수 있다. 하지만 현대의 북 아티스트들 사이에는 활판인쇄 같은 전통적인 인쇄 기법에 관한 관심도 남아있어서, 디지털 매체가 새롭게 여기저기 나타나는 현상을 고민하고 거부하기도 한다. 북아트 작품 발행처이자 유통처인 부클린(Booklyn)에서 신작 개발 이사를 맡은 마샬 웨버(Marshall Weber)에 따르면, 부클린에서 올해 출판한 책 6권은 실크 스크린 인쇄, 평판 인쇄, 릴리프 인쇄, 활판 인쇄뿐 아니라 오프셋 인쇄, 복사, 소량 디지털 인쇄와도 관련이 있다. 웨버가 말하길 북아트 공동체에서 전반적으로 동의하는 바에 따르면, 주문형 출판 같은 새 기술은 '또 다른 도구이자 생산 방법일 뿐

이므로, 보기에 적절한 도구로 여겨진다면 예술가는 그 기술을 사용할 것이다.'

이런 기술에 대한 접근성이 증가면서, 대안 출판은 그 어느 때보다 민주적인 상태다. 그러면 지금처럼, 대안 출판이 전하는 메시지는 전통적인 것부터 전위적인 것까지 다양할 수 있다. 같은 출판사를 통해 여러분은 아기 사진만큼이나 쉽게 급진적인 성명서를 대량으로 찍어낼 것이다. 이런 면에서 북 아티스트는 오늘날 독립 발행인과 같은 기반을 공유한다. 즉 생산 방법에 접근할 수 있고, 분위기가 열린 소통과 토론을 유도하며, 여러분과 같은 사람들이 데이터 흐름에 참여하길 원한다.

주 석

1. 용어를 포함하여 이 분야에 관한 주요 연구는 다음과 같다. Betty Bright, No Longer Innocent: Book Art in America, 1960–1980 (New York: Granary, 2005); Johanna Drucker, The Century of Artists' Books (New York: Granary, 1995); Stefan Klima, Artists Books: A Critical Survey of the Literature (New York: Granary, 1998); Cornelia Lauf and Clive Phillpot, Artist/Author: Contemporary Artists' Books (New York: D.A.P., 1998); Joan Lyons, ed., Artists' Books: A Critical Anthology and Sourcebook (Rochester: Visual Studies Workshop, 1985).

2. 뉴욕 현대 미술관(The Museum of Modern Art)은 세계에서 북아트를 가장 많이 소장한 곳 중 하나다. 소장품에 대해 더 알고 싶다면 다음을 참고하자. 'Q: 프랭클린 퍼네스(Franklin Furness)의 북아트 소장품은 무엇일까?' www.moma.org/research/library/library_faq.html#ff; (2008년 5월 20일 접속)

3. 등사판 인쇄와 복사물 출판에 관해 간단하게 역사를 알아보고 싶다면 다음을 참고하자. R. Seth Friedman, The Factsheet Five Zine Reader: The Best Writing from the Underground World of Zines (New York: Three Rivers, 1997), 9–12.

4. Jorg Jochen Berns, Daumenkino: The Flip Book Show (Dusseldorf: Kunsthalle Dusseldorf, 2005).

5. Witty aphorism courtesy of Clive Phillpot, "Twenty-six Gasoline Stations that Shook the World: The Rise and Fall of Cheap Booklets as Art", Art Libraries Journal 18, no. 1 (1993).

6. 작품은 대단히 잘 기록돼있다. 앞서 미주 1에 열거한 문헌은 시작하기에 좋다.

7. Robert Venturi, Denise Scott Brown, and Steven Izenour, Learning from Las Vegas (Cambridge: MIT Press, 1972).

8. Ed Ruscha, Bright, No Longer Innocent, p.108에서 발췌.

9. Brian Kennon, Black and White Reproductions of the Abstract Expressionists (자가 출판, 2002).

10. 페이지를 스캔한 것을 보고 싶다면 발행처인 세컨드 캐논스(Second Cannons)를 참고하자. http://www.2ndcannons.com/BW-AbEx-detailcover.html(2008년 5월 20일 접속)

11. Martha Wilson, Bright, No Longer Innocent, p.116 발췌.

12. 클래스 올덴버그와 코샤 반 브르군(Coosje Van Bruggen)의 웹사이트 참고. http://www.oldenburgvanbruggen.com/binoculars.htm (2008년 5월 20일 접속)

13. Temporary Services, Prisoners' Inventions (Chicago: White Walls, 2005).

14. 온라인 잡지 Static-ops.org와의 인터뷰, '죄수의 발명품: 템포러리 서비스와의 인터뷰' 인용. http://www.static-ops.org/essay_13.htm (2008년 5월 20일 접속). 안젤로의 관점이 보고 싶다면 '발명 천재 재소자' 참고. http://www.temporaryservices.org/Inmate_Inventive_Genius.html (2008년 5월 20일 접속).

15. Lauf and Phillpot, Artist/Author, 54. 로스의 책에 관해 더 알고 싶다면 다음을 참고하자. Dirk Dobke and Thomas Kellein, Dieter Roth: Books and Multiples (London: Hansjörg Mayer, 2004).

16. Penelope Umbrico, Honeymoon Suites (New York, 2003), n.p.

17. Ibid.

18. Karen Hamner, Beaut.E(Code) (자가 출판, 2002).

19 David Byrne, Envisioning Emotional Epistemological Information, 책 케이스, (Gottingen: Steidl, 2003).

20. Ibid., 책 케이스. 파워포인트에 관해 놀라운 역사를 알고 싶다면 다음을 참고하자. Ian Parker, "Absolute PowerPoint", New Yorker, May 28, 2001, 76. 디자인 비평에 관해서는 아래의 독립출판 도서를 참고하자. Edward R. Tufte, Beautiful Evidence (Cheshire: Graphics Press, 2006).

21. Marshall Weber, personal communication, August 29, 2007. 북아트 협회인 부클린(Booklyn)의 웹사이트도 참고하자. http://www.booklyn.org (2008년 5월 20일 접속)

참고문헌

출판 관련

Anderson, Chris. *The Long Tail: Why the Future of Business is Selling Less of More.* New York: Hyperion, 2006.

Greco, Albert N., Clara E. Rodriguez, and Robert M. Wharton. *The Culture and Commerce of Publishing in the 21st Century.* Palo Alto, CA: Stanford Business Books, 2007.

Kremer, John. *1001 Ways to Market Your Books.* Taos, NM: Open Horizons, 2006.

Poynter, Dan. *The Self-Publishing Manual: How to Write, Print, and Sell Your Own Book.* Santa Barbara, CA: Para, 2007.

Ross, Tom, and Marilyn Ross. *Complete Guide to Self Publishing: Everything You Need to Know to Write, Publish, Promote, and Sell Your Own Book.* New York: Writer's Digest Books, 2002.

University of Chicago Press. *The Chicago Manual of Style,* 15th Edition. Chicago: University of Chicago Press, 2003.

Weber, Steve. *Plug Your Book! Online Book Marketing for Authors, Book Publicity through Social Networking.* Falls Church, VA: Weber Books, 2007.

Zackheim, Sarah Parsons. *Getting Your Book Published for Dummies.* New York: Wiley, 2000.

디자인 및 북 아트 관련

Bartram, Alan. *Five Hundred Years of Book Design.* London: British Library, 2001.

Bringhurst, Robert. *The Elements of Typographic Style.* 1992. Reprint, Vancouver: Hartley and Marks, 1997.

Cockerell, Douglas. *Bookbinding: The Classic Arts and Crafts Manual.* Minneola, NY: Dover, 1996.

Eckersley, Richard, et al. *Glossary of Typesetting Terms.* Chicago: University of Chicago Press, 1994.

Felici, James. *The Complete Manual of Typography: A Guide to Setting Perfect Type.* Berkeley: Peachpit Press, 2003.

Hochuli, Jost, and Robin Kinross. *Designing Books: Practice and Theory.* London: Hyphen Press, 1996.

Kane, John. *A Type Primer.* London: Laurence King, 2002.

Lawson, Alexander. *Anatomy of a Typeface.* Boston: David R. Godine, 1990.

Lupton, Ellen. *Thinking with Type: A Guide for Designers, Writers, Editors, and Students.* New York: Princeton Architectural Press, 2004.

Müller-Brockmann, Josef. *Grid Systems in Graphic Design.* 1961. Reprint, Switzerland: Ram Publications, 1996.

Smith, Esther K. *How to Make Books: Fold, Cut & Stitch Your Way to a One-of-a-Kind Book.* New York: Potter Craft, 2007.

Spiekermann, Erik, and E. M. Ginger. *Stop Stealing Sheep and Find Out How Type Works.* Mountain View, CA: Adobe Press, 1993.

Williams, Robin. *The Non-Designer's Design Book: Design and Typographic Principles for the Visual Novice.* Berkeley: Peachpit Press, 1994.